南懷瑾文化

東拉西扯

說老人。說老師。說老話

劉雨虹 著

作者自說自話

東拉西扯的短文，竟然集結成書出版，實在有些意外。對於大家的厚愛，我十分汗顏。

爲什麼寫這些雜七雜八的短文，又在網路上發表呢？說起來也是有些原因的。

二〇一二年的九月，發生了震驚許多人的一件事，南懷瑾老師竟然逝世了。對很多人而言，那是太悲痛太意外的大事，因爲，心目中的南老師，應該是活到一百二十歲的啊！

可是，老師卻走了，眞的走了，再也見不到了……大家的淚水在流，哀痛在空中瀰漫，在擴散，似乎天地變色，又回到宇宙洪荒……

轉身過去，想起人生路上的荊棘和花朵，想起老師，從前的老師，想起九十年來的自己，想起種種一切……於是提起筆，寫下第一篇，老人、老師、老話。

一年轉眼已過，天地依舊，景物亦然；唯一不同的，是讀者們的鼓勵，偶而靈光一閃，令人喜悅，令人心開，令人忘憂……

可笑的是，我對網路是門外漢，多謝牟煉和彭敬二位小友，代爲操持運作，太辛苦他們了。

本書中小標題略有改變，第八十八篇是未曾發表過的，現一併編入，共計九十五篇。

劉雨虹

二〇一四年清明

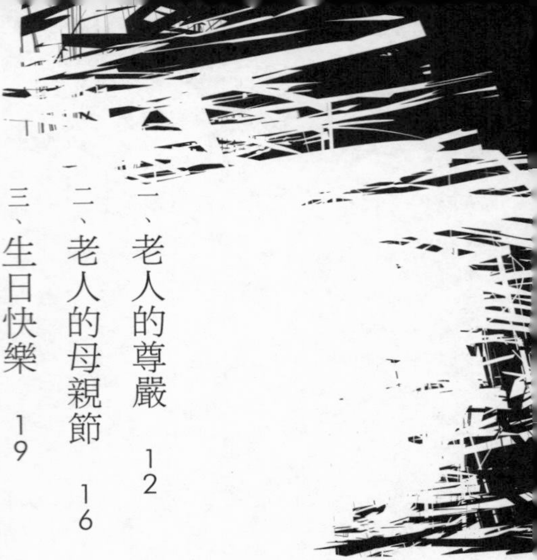

目錄 contents

一、老人的尊嚴

我生於一九二一年，今年九十二歲了，大家不能否認我是一個老人吧？由老人來說有關老人的事，應該是眞話、實話，不是妄語吧？

老人也是由年輕漸漸變老的，我這個老人，在未老的時候，有很多照應老人的寶貴經驗，更有不少照應老人的錯誤經驗。

現在我已經是一個頗老的老人了，很想把這些種種的經驗和老人的感受，對年輕人說一說，更想對那些還不太老的老人說一說，因爲，你們將來都會成爲老人的，也許會很老很老很老。

南懷瑾老師生前，常提醒大家注意一句古話：長壽是五種災難之一。

所謂災難，其實包括了許多，首先是麻煩。老人很可憐，不是因爲窮或富，而是麻煩他人，更麻煩自己。

老人的尊嚴何在

二〇一二年的元月，我由廟港回台北，春節前，參加一個「尾牙」宴。我已先到了，看見與我同歲的詩人周夢蝶前來。這時幾個年輕人熱心去攙扶他，兩邊有兩個人架著他的膀子走過來。我見狀大吃一驚，因爲那個形狀，活像是警察抓住犯人一樣。

其實，周夢蝶很健碩，除了耳朵稍重聽之外，芝麻大的小字他不用老花鏡仍可看見，與人握手尤其有力。當然，年輕人絕對是敬老尊賢的善意和熱情，只是忽略了別人的感受。

說到敬老尊賢，使我想到五、六年前的往事，那時我住在「淨名蘭若」所在的地方，那裡共有三幢房子，離大學堂兩公里，這個地方是太湖大學堂建造之前就有的，是台灣「十方書院」的幾個同學買下來的，以出家人較多。我在廟港時，從二〇〇五年開始一直住在這裡，每天下午兩點，隨小張的車子去大學堂辦公室。

淨名蘭若常有各方同學等來訪，或小住。那天我出門前正在穿鞋，一位美國來的劉小姐，一定要幫我穿。

我說：「謝謝你，我自己會穿。」可是她堅持要幫我穿，推讓再三後，我忍不住了，就對她吼了起來。

我說：「不要你幫忙，就是不要你幫忙。」她聽了很不高興，就說：「我這是敬老尊賢啊！我對別人敬老尊賢，別人都會感謝我，只有你，反而罵我。」我說：「我既不老也不賢，不要你敬。」

這件事應該算是我的錯，我未能滿足她敬老尊賢的善心欲望。可是，天下老人各式各樣，我是屬於那種沒修養的老人，又不喜歡囉嗦。

南老師比我大三歲，他的修養功力太不得了啦，對於這一類的敬老尊賢動作，他的反應眞夠優雅的。

那一天，在大學堂的飯桌上，年輕同學們不斷幫南老師夾菜，甚至幫他剝蝦皮……這時有個同學勸老師多吃某一樣菜。我這個沒修養的人聽見馬上說：「不要勸老人吃東西。」

· 老師題字淨名蘭若

老師立刻看了我一眼，並且說：

「你知道嗎？他們都把我當小孩！」

天哪！這句話有多嚴重，你們年輕人知道嗎？什麼是小孩？那是幼稚，是無知，是沒有判斷啊！老師是這樣的人嗎？當然年輕的同學聽不懂，他們都是好意，是熱心，但是，不瞭解對象，所以助人的分寸有問題。

二、老人的母親節

大約是六、七年前，我已八十多歲了，決心不再染頭髮，實際上已是銀髮滿頭了。有一天我和女兒去餐館吃飯，剛坐下，就有一個男服務員拿菜單過來，他很熱情的對我說：「老太太，你想開一點，想吃什麼就吃什麼，千萬不要管別人，年紀大了，只要自己高興就好……。」

他這番熱情，已令我啼笑皆非了，豈知，他還不善罷甘休，端菜來的時候，把剛才的熱心話，差不多又說了一遍……

老天爺呀！人老了有這麼令人憐恤嗎？好像我快翹辮子似的，又好像我連吃都捨不得那樣，連去飯館吃飯都不能自在，怪就怪我這一頭白髮，害得我吃得不愉快。回家後立刻又把頭髮染黑了，到現在還在染。

母親節，眞不知道是哪個生意人發明的，太奇特了，一年之中，總算有那麼一天，讓那些成家立業的兒女們，想到自己還有一個老媽。母親節那一天，各餐廳都擠滿了人，都是兒女加上媳婦女婿孫子等一大堆，陪著一個老媽，好不熱鬧。

那一次，我也是以老媽媽的高貴身分在那家很大的餐廳，接受年輕人對我的招待。

放眼看去，有些六七十歲的媽媽們，多數都是很愉快的樣子，但是有些年紀更老一點的媽媽們，卻很呆滯，有些則是木訥的樣子，是否有人是老人癡呆，或是不喜歡在外用餐，很難確定。但見她們的兒女子孫們，倒是興高采烈，對老太太也十分熱心照應，不免令人想到，多數老人一定是孤獨的，有些老人的臉上掛著冷漠，掛著淒涼……可能她們只是爲了滿足兒女的孝心，才忍辱負重來被慶祝的……。但是，這又能怪誰呢？一年的三百六十五天之中，總算還有一天團圓吧！再環視四周，令人難堪的場景還眞不少。

我立刻與女兒約法三章，一年中的三百六十四天，任何一天請我吃飯都可以，就是不能在母親節這天請，因爲我這個老媽，看到別的許多老媽……

反正，不想去湊熱鬧了。

父親節也差不多一樣，一般說來，父親比母親好辦，因爲父親是曾經在外工作，有與外人相處的經驗。這些老爸們除了有些人酗酒，或愛搞小三外，多數退休後都能夠自得其樂，除非健康有問題，那就太麻煩了。

三、生日快樂

除父母親節之外，最重要的就是老人的生日了。作兒女的，爲了慶祝父母的六十大壽、七十大壽、八十大壽，簡直忙翻了天，不表示孝道能行嗎？會被人罵的，有些則是表示面上光彩，反正各顯神通。

先母到了八十歲的時候，是堅決不過生日的，她說，人到了八十歲，是在世上偷生，意思是偷偷的活著，如果慶祝生日被閻王老爺發現，就要招去報到，因爲人到七十已經古來稀了。所以從前有不少案例，老人慶祝八十歲生日之後，第二天，這老人就病了，然後一命嗚呼，被閻王爺招去了。其實，這其中是有些原故的：由於祝壽客人多，不免有勞身心，再多吃兩口，又吹上一點風，就停食不消化，這麼一折騰，老人自然病倒，只得駕鶴西歸到閻王老爺那裡去報到了。

由於先母的堅持，到了八十歲就不敢為她慶生了，等到她九十歲時，我對她說：閻王爺十年以來已把你忘記了，現在小小慶祝一下吧。於是約了十幾個至親好友，前來見面，向老人家賀壽，宴請來客是在餐館，壽星老就不去參加了。所以她沒有勞累，也沒有多飲食，而平安度過。我這個老媽壽至九十七歲，那天清晨未起，昏睡至次日就安詳的走了。

飲食真麻煩

年輕的時候，吃許多東西都很香甜可口，年紀大了，由於各部分的退化，像眼睛老花了，耳朵不靈敏了……但是最被人忽略的，就是老人味覺的變化了，所以老人吃東西很麻煩。

有一個年輕的女性，常常抱怨她的婆婆，說婆婆故意找她的麻煩，婆婆說要吃酢醬麵，做好端給她，她又說不想吃了。諸如此類的事很多很多。

自從我發現自己也常有這個現象時，我才明白這是老人的普遍現象，尤其是以往很愛吃的食物，爲什麼現在都沒什麼味道呢？原來是味覺失靈了。

一九四六年抗戰勝利後，學校從四川遷回南京，秋高氣爽的十月，南京新街口馬路邊，有許多賣蟹的農人，手提兩串大閘蟹叫賣，一串十隻，賣掉就回家了。那個螃蟹味之鮮美，仙丹來換都不會換，那時我才二十五歲。

前兩年住在南京的親戚，打電話給我說：「你愛吃螃蟹，你來南京我請你吃螃蟹。」我說：「我現在就住在廟港螃蟹堆裡啊。」太湖每到秋季，蟹太多了，可是我眞的不太想吃，不是蟹太小，是我太老了，有時竟然會感覺蟹肉和蛋黃味道差不多。可憐呀！口福也沒有了。

四、老人的吃和補

有些老人吃飯，年輕人是看不順眼的。有一個老人，用餐時有五六樣食物，一小碗燴麵，外加稀飯一小碗，燒豆腐一點，三文魚洋蔥三明治，地瓜或玉米……東吃一口，西吃一口，才算勉強吃飽了。反正五六種不同的，不中不西的，絕對不能只吃一兩種。

其實我就是這種老人，不過，我比較注意營養均衡，水果蔬菜都會吃，也接受西方的營養觀念。南老師則十分傳統，又不愛吃水果，大概是幼年生活在海邊，只愛吃海鮮。

其實，這些年來，南老師沒有吃過一頓合胃口舒服的飯，因爲十天之中九天有客人，有時生張熟李，前來的各方豪傑志士們同桌進餐，老師酬酢應對，哪有工夫吃啊！因爲客人都是來拜望老師的。晚上九點多十點回到自己的地方，發現有些餓了，吃什麼呢？也只能胡亂將就吃一些作罷。

說到南老師吃東西的事，有一次眞是太有趣了。老師是每天夜裡工作的，有一天到清晨三、四點鐘，有點餓了，在冰箱中找到一包生水餃，他那個智慧的頭腦，突然感覺水煮沒有蒸得快，就在電鍋中蒸。結果蒸了一個小時仍是硬的……怪不得愛迪生有兩隻貓，他就在牆上挖了一大一小兩個洞，大貓走大洞，小貓走小洞。所以頭腦極不平凡的人，做法就是特別。

老師結果吃什麼，不知道。第二天他在辦公室自己說這件事，大家都大笑不止。所以我常跟老師說：「老師啊！我的福氣比你好，因爲我自己會做啊。」

我說這個話，大家不要誤會，以爲沒人照顧老師的飲食。其實幫忙的有好幾個人呢，只因爲老師不願意麻煩別人，所以問他想吃什麼，他都是說「隨便吧」。偶爾會說皮蛋粥或豆腐之類的，結果大家只好瞎猜了。

中國人逢年過節，都喜歡買些補品，回家孝敬老人。

這可是很嚴重的一件事，因爲按照清代大名醫徐靈胎的說法，老人的進補，各有不同，有人須補陰，有人須補陽。所以不能亂補，老人需要的是平衡。其實，吃多了就是惡補，老人活動少，消耗少，多吃造成腸胃堵塞，麻煩就大了。

有些人太有錢了，家中老太爺老太太被補得胖墩墩的，可敬可愛又可怕。古人說「有錢難買老來瘦」，老師也常說「人沒有餓死的，大都是飽死的」，年輕人小心吧。

五、好人和壞人

這兩天見到幾個從台灣來的熟人，不覺想起從前的種種，記得認識老師還不太久時，有一天我和行廉姐到老師辦公室去問些問題，行廉姐說：老師這裡都是學佛的，都是好人。

老師一聽立刻說：你錯了，學佛的人大多是普通人，普通人有好也有壞。很多學佛的人，貪心比普通人還重，光想成佛，想有神通，實際上他連一個好人都作不到。

我們聽了，傻傻的，算是學了第一課吧。轉眼到了幾十年後，在太湖大學堂的辦公室，大約是兩年前吧，小崔說到他的生辰八字，我就說：「老師，小崔命裡有兩個貴人呢。」

老師聽到後，卻幽幽的說：「你們遇到的都是貴人，我遇到的都是壞人。」

聽見老師這樣說，我很不甘心，立刻站起來對老師喊道：「老師什麼意思啊？我們都是壞人嗎？」

老師不得已，只好說：「你們是好人，可是我遇到的人，壞的佔多數。」天哪！我心裡想，老師這句話可不是說著玩的，可能我也在壞人之列吧？我可要好好反省反省……。

反過來我又想到，老師啊，誰叫你有教無類呢？當然壞人多啦！這只是我心中在想，並沒有說出來。

老師心目中的壞人到底是啥樣的人？當然不是打家劫舍的江湖大盜，也不會是搶銀行或詐騙的人。可能吧，我猜想，大概就是那些外表是好人，是學佛的善人，但是滿肚子貪嗔癡慢疑，利用老師求名求利，又是口是心非，暗箭傷人。老師教來教去都改不了這些人分毫，多洩氣啊！

現在老師已離我們而去，離開了好人，更離開了壞人，留下來的仍是好人和佔多數的壞人。不過，老師如果看到紀念他的留言和文字的話，反而會發現，他們多數是好人，更多的是改邪歸正的人。這些人，卻多半是老師不認識的人。可惜呀！老師，爲什麼你生前不認識他們呢？爲什麼許多壞人反而認識你呢？因爲你太仁慈了嗎？還是方便出下流呢？我眞的有些迷糊了。

再說，我們這些留下來的人，是好人還是壞人呢？就拿自己來說吧，我到底算好人，還是壞人？如果是好人，我以後應該如何對待認識人中的壞人呢？如果我是壞人，爲什麼我不知道呢？我還覺得自己是個好人呢！對了，我現在要去查一查十惡業，看看自己佔了幾條再說吧。反正，大概是有時好，有時壞，自己壞行爲都不知道，這個「知」字多難啊！

六、息事寧人又發露

南老師絕對是個不一樣的人，那個時候，我十分的不明白。記得是一九七二年台北蓮雲禪苑的時期，老師辦公室和講堂在四樓，是走另一個門出入的。四樓以下是出家人的地方，上下樓互不相涉。行廉姐在寺院是護法，住在三樓，我與她則是擔任溝通樓上樓下的任務。

那天聽到有人說，老師講了什麼話，內容使出家人方面有些誤解。內容已記不得了，反正不是什麼了不起的大事。不過我還是到四樓告訴了老師，並問老師爲什麼這樣說。

豈知老師卻很意外，他說絕對不是他說的話，可能是別人說錯了。但是老師卻說：不必去解釋了，就讓別人誤會我吧；如果說個清楚明白的話，既費口舌，又牽涉他人，反而惹出許多事來。

可是我心中卻很不以爲然，事情不是應該弄清楚嗎？糊里糊塗算了，多窩囊啊！我覺得老師很不應該，一連很多天我都不理老師，我覺得老師太莫名其妙了。哪裡知道老師是息事寧人，是忍辱波羅蜜啊，誰能做得到這樣啊！我那時眞太淺薄無知了。

還有一樁事，差不多也是那幾年的事，我們在四樓老師辦公室，當時大家說到某教授的論點，老師就說了一句不客氣的評語，略有輕視的意思。老師說完就到洗手間去了。因爲那個教授是我們的熟人，聽了不免心中有些不爽。

豈知老師回來就對我們說：「剛才我批評某教授的話不應該，是我的錯，我剛才在洗手間已經懺悔了。」

我們聽了老師的話，眞有點不知如何是好。我當時心裡不免想：你懺悔就懺悔吧！何必對我們說呢？有必要嗎？我們是你的學生啊。

這件事我曾在不久前，偶然的機緣對宏忍師提到，宏忍師立刻對我說，這叫做「發露」，是學佛很重要必須遵守的。意思是，當你犯了錯誤，不但自己要懺悔，還必須公開表達悔意才是眞懺悔。公開表達就叫做「發露」。

聽到宏忍師的解釋，我眞有些吃驚，有幾個人能做到啊？不要說在家人了，就說出家的修行人吧，能這樣誠信的大概也不多吧！怪不得有人問老師是不是佛教徒時，老師回答說：「我沒有資格，因爲我達不到佛教所要求的標準。」

慚愧呀！自己太慚愧了，那時老師已經很了不起了，很有名望了，還這樣做這樣說，我聽到宏忍師的解說，眞正覺得無地自容了。

· 台北蓮雲禪苑

七、關於「一代奇人」

由於說到南老師以前的事，不免想起不久前看到的一篇文章，是刊登在台灣《壹週刊》十月號的〈一代奇人南懷瑾〉。該文作者江春男先生，是頗有文名的作家，他的文章爽利又有內容，大家對他都很敬佩。

不過，他這篇文章卻使我頗爲不解，因爲文中有幾件事，與事實差異很大。令我納悶的是，像江先生這樣資深優秀的文人，怎麼會有這種錯誤呢？

（一）他在文中說：「我在政大研究所的同學張炳文，離開台視編輯組，追隨南懷瑾到美國修道，隔兩年發生肌肉萎縮症怪病去世。」

事實上，張炳文是早於南老師幾年去的美國，南老師到了美國之後才認識他的，此事已由李素美女士證實。一九八七年，我寫過一篇悼念朱文光的文章，張炳文曾將此文刊登在他工作的《世界日報》。

後來一九八九年我到美國時，還拜訪過他，那時他是病了，不錯，是肌肉萎縮症。但是，張炳文不是追隨老師去美國學道的。

（二）江先生文中又說：南懷瑾一九六九年成立東西精華協會，「後來協會搬到信義路二段，更名爲十方叢林書院，他欠下一屁股債，無力維持，幸好碰到施主李傳洪伸出援手。出生台北望族的李傳洪和他姊姊李素美與他結緣……。」

首先「十方叢林書院」是香港洗塵法師出資興辦的，特請南老師爲教授師，並委託老師全力協辦。這個書院與「東西精華協會」是不同的兩個單位，更沒有「欠一屁股債，無力維持」的情況。

因爲當時的老師，不但沒有欠債，他還有房產呢，去美國時將房子賣了一千萬台幣帶去美國。此事的全部內容和經過，在一九九九年出版的《禪門內外》一書中，都有詳細的記載，並經老師審閱無誤。

（三）江先生文中又說：「……金溫鐵路。南老師大發願心，挺身作催生者，李傳洪出資上億美元……。」

李傳洪的確出資了，但他出的是一千萬美元，現在江先生說得多了十倍，是否太誇張了一點？在一九九八年出版的《南懷瑾與金溫鐵路》一書中，對投資事也有詳細的記錄，出資的人還有尹衍樑等。

令我十分納悶的是，在我的心目中，像江先生這樣高潔儒雅的文化人，絕不可能寫出這樣誤差的文章，但是他確實是寫錯了。爲什麼？是被迫嗎？是與老師有過節嗎？好像也不太可能。

那麼，難道是故意寫幾個錯誤，表示是他人有意提供不實的資料嗎？如果是如此，目的又是什麼呢？

江先生眞太高明了，讓讀者隨便去猜吧，看樣子，我只好繼續納悶下去了。

八、分別心

自從開始東拉西扯後，好像回到了少年時期，想到什麼就口無遮攔，直言不諱起來。怪不得剛認識南老師的時候，他就說我：「你是吃兩碗飯長大的，娘家一碗，婆家一碗」，意思是說我不懂世上人心的複雜、難測和醜陋。也就是說我太天眞、太幼稚了。

當時我還很不服氣，因爲我自認還很有人生閱歷呢！自以爲也還頗有一點見識呢！

其實，我眞正見識到的人情、人心和各種的奇形怪事，都是在老師這個因緣環境中才體會到的。或目睹，或耳聞，總之，這個小小的世界，人的心態和行爲，各式各樣，令人歎爲觀止。

多年前，老師在講課時說：爲什麼要學佛啊？目的是要作一個活活潑潑的平凡人。在「十方叢林書院」時，還請牧師來給大家講《聖經》呢！

老師是要大家先作好一個合格的人，老師的心是平等的，不僅對宗教，對人更是一樣。有時會感覺他對有問題的人更好，對壞人更寬容，這種人如果做了一些善行，老師更會加鹽添醋的宣揚一番，鼓勵又鼓勵，讚美再讚美，爲人師表多難啊！

爲了這個問題，大家不免私下議論不休。不過，老師說了：「人做壞事是因爲愚蠢，不知道有果報，這是多生累世的惡業所造成的惡果，太可憐了，所以要幫助他們去惡存善，對這些人要寬容，多鼓勵。」

老師這樣說這樣做，我猜是他的教化，是他的愛心和憐憫心。所以，不分好壞，沒有分別心，一樣平等對待。

但是，知道好與壞，是要用分別心的吧？否則怎能去惡存善，怎麼修行善業呢？

老師所說的：「遇見的多數是壞人」這句話，我猜那只是他的感嘆，因爲教了多少年，這人都沒有改過自新，也只好嘆氣了。

但是，在對待方面，不論好人壞人，老師一視同仁，絕對沒有分別心的。記得佛經上好像說：「能善分別諸法相，於第一義而不動」，這不是分別嗎？如果老師連好壞都弄不清，都沒有分別，那還是「師」嗎？

所以，許多從學老師的人，大概也像我一樣幼稚罷，看見一個人對老師說的是謊話，老師卻不點破，好像不知道一樣，爲什麼呢？我們都不明白。連我們這些笨人都明白是假話，老師不知道嗎？是「於第一義而不動」嗎？

我的佛法是糊里糊塗的，我這是東拉西扯，信口雌黃，大家千萬不要當眞。

對了！有人提醒我，關於前面曾說到老人進補，我說「吃多了就是補」這句話有誤，掉了一個字，應該是「吃多了就是惡補」，這是我的錯。

看官們！我現在向大家「發露」了。

九、不信因果的人

前幾天說到「十方叢林書院」，不免想起洗塵法師，是他發心興辦這個書院的。那時（一九七九年），他從香港來到台北，本來是想辦一個佛學院，請南老師為教授師，專門培養佛門弟子。

但南老師認為，要增廣佛門弟子的學識，也可以招收一般學子，學習內容也要兼顧各方面，於是就定名為「十方叢林書院」了。

為了辦這個書院，洗塵法師出資又出力，多次往來於港台之間，風塵僕僕，到了一九八〇年，書院才告正式成立招生。

有一天我到老師辦公室，看見洗塵法師正在與老師說話，聽見他說：「南老師啊！出家人之中，還有不信因果的。」

聽他這句話，使我很迷糊，待他走後，我就問老師：「僧人中有不信因果的，這是什麼意思啊？」

老師說：「不信因果就是不信因果嘛！就是這個意思。」

我那時眞有點笨（現在也不聰明），我竟然又問：「他怎麼知道人家不信因果呢？是人家告訴他的嗎？」

老師聽見我這個糊塗又荒謬的問題，倒也沒有發火，只斜了我一眼，冷冷的說：「那還用說嗎？只看那人的行爲就知道了，如果他信因果的話，就不會做出那樣的事了。」

這一下驚醒了我這個迷糊人，因爲我從來沒有把人的行爲與因果連在一起想過。一般人做事不就是隨心所欲嗎？或者是去做必須要做的事，像上學啊！工作啊！吃飯睡覺啊！誰會去想什麼因果啊？頂多去想一下辦好辦不好，結果成功與否，那也不能算是因果的考量吧！

當然，不管做事結果如何，都有果報，如果再加上起心動念先要考量因果，那眞使人有點不知所措，頭皮發麻了。

更複雜的是，有一類果報叫異熟果，意思是說，你打人一拳，果報不一定是被人打一拳，也可能是被車子撞倒，或摔斷手等等。眞太複雜了，可能是種下的「因」複雜吧，到時候「因」聚攏來就成爲複雜的果報了。

反正就是一句話，不管你想什麼，做什麼，都有異熟果，都有果報。看樣子，想說啥就說啥，想幹嘛就幹嘛，那可要小心了，那可是又不怕因，又不怕果了。

這可不是我說的，這是近兩年來，老師帶領大家研究王肯堂那本《成唯識論證義》時所說的。佛門大德說：「菩薩畏因，凡夫畏果」，聖人起心動念都戒愼恐懼，但是一般人眞怕果嗎？有些人果報到來，還不知這是自己造成的「因」呢，還說是別人害的，還繼續造惡業……想到這裡，眞覺得有點冷湫湫的害怕呢！

去年有一天，南方科技大學的朱校長來了，老師正在說到異熟果，因爲朱校長是核物理學家，他特別從科學的角度，講解因果之理，令人大開眼界，知道因果可不是迷信。

大家看到這裡，一定很想知道朱校長怎麼說的吧？可惜我無法簡說，正好有人提到〈物理學步入禪境：緣起性空〉一文，那是朱校長在二〇〇九年三月發表的演講。

十、誰信因果

一說到因果，不免聯想到許多事，先說一些芝麻綠豆的小事吧。現在有錢的人多，有汽車的人更多，可惜的是，夜晚開車的人，只有極極極極少數的人，會在對面來車時，轉換為小燈，以免刺激對面來車人的眼睛。

我們不是文明古國嗎？我們不是有五千年的文化嗎？我們的先聖孔夫子不是說過「己所不欲勿施於人」嗎？為什麼連這麼微小的該做的小善都不做呢？其實這也只是不傷害人罷了。事情雖小，應該也有因果吧？

除了個人的行徑之外，還有團體的作為，大概就是佛門中所說的共業之類的。話說我從一九九〇年開始，為了老師的著作在大陸發行，我經常代表老師到大陸各地接洽簽約。十年之中，我所瞭解的出版界，很多都是簽約五千本付著作版權費，但暗中卻多印一萬本，就可以不付版權費了。

這種行為不就是偷盜嗎？但卻被公認為聰明之舉。這頗符合古人所說的「無商不奸」的道理。曾幾何時，文化工作者也變成了商人，而且是屬於奸商之流，（其實也有很多商人是不奸的）。

我衷心相信，現在大概一定改進很多了，因為我們已經進步到有了航空母艦啊。

早些年有一天，我有一個遠親對我說，他的一個朋友在台商工廠工作，但他是個大笨蛋，因為他除了工資以外，沒有額外弄到一點油水。

我說這不就是一個誠實規矩的人嗎？我本來想說他是個善人，可是我的分別心認為，善人可能有積極的含義，應有些善行才算；這人只是守本分，所以應該說他是一個誠實規矩的人。

可是我那個年輕的遠親認為不對，只說別人都暗中搞了外快、好處，只有他沒有，所以大家都笑他太笨，是個笨蛋。

這些情況台灣當然也有，只是多少的差別，十步與五步而已，誰叫我們都是炎黃子孫呢。

洗塵法師所說的「出家人有不信因果的」這句話，因爲他是出家人，故而對出家人發出感嘆。我們這些在家人，有幾個信因果的呢？我們只有感嘆自己了。

至於南老師，我猜他在世的時候，一天到晚大概都在感嘆，因爲司空見慣，遍地都是啊！所以老師常常提到那句：開口常笑，笑天下愚癡之人。只是我們自己不知道愚癡罷了。

古人說「偷書不算賊」，這句話很有意思，如果不算賊，爲什麼是「偷」呢？偷本身不就是賊的行爲嗎？

古人又說了：「偷書的是雅賊」，這句話更好玩了，反正不管你雅不雅，就是一個賊。既然作賊，想必是不信因果吧！至少，不知道因果吧！「知」之一字，眞的太深奧了。

十一、照片的故事

看見這張照片了嗎？那是去年我唸《瑜伽師地論——聲聞地講錄》的文稿給老師聽時所攝的。當時辦公室的小鳥和小馬、小牟，看到一個九十一歲的老人（我），唸給一個九十四歲的老人（老師）聽，眞是奇景、奇事，於是就拍下了這張照片，宏忍師則在旁邊看著笑。

前兩天看到簡體字版的這本書出版了，心中百感交集，因爲整理老師一九八〇年這個講稿，是最吃力的一部書，從二〇一一年三月開始，每天工作五、六個小時，整整一年的時光，才告完成。

由於兩三年來，老師的視力欠佳，看一般的字太吃力，故而三天兩天，要把整理好的稿子唸給他聽，老師如有修正，就比較方便即時改正。

協助工作的，主要是宏忍師，她對佛法經論較熟悉，由於她的幫忙，才能夠一遍又一遍的仔細查核、訂正。

老師為了這個簡體字版，曾再三叮囑東方出版社的孫涵小姐，不可以分成上下冊，要集成一冊印行，以免失散，否則一套書常因而零落不全。

老師更關心的，是字字句句的認眞，不能有錯誤，因為這是一本極重要又嚴謹的書，是超凡入聖的修證法門，不能有任何差錯而貽誤學人，所以書在付印前，都經由老師這邊審閱過。

繁體字版是二〇一二年四月在台灣出版的，有一位不學佛的佟君說，偶然一讀，發現書中前面所說的二十種法門，其中十九條是作人的基本修養和方法。

我向老師提到這句話，老師說：不錯，佟君說對了，學佛第一步先要把自己這個人作好，這本書是五乘道，第一步就是作人，而且要作一個誠實又堂正的人。

十二、走入歧途的人

說到南老師的書，有一本，我認爲最淺顯，又是最高深的，就是那本《列子臆說》。

乍看起來，這本書都是在說故事、神話之類的。有一天大家說到小張養的兩隻羊，我忽然想到《列子》中的「多歧亡羊」那一段；因爲歧路太多，跑掉的羊追不回來了。

想到這裡，我忽然像大徹大悟似的，很興奮的對老師說：「列子的多歧亡羊，那不就像學佛的人一樣嗎？歧路太多，自己不知道岔到哪裡去了。」

老師一聽我興奮的語調，也就很大聲的說了一句驚世駭俗的話：「我的那些學佛的學生們，個個都在歧路上。」

老師此言一出，震驚了整個辦公室的五六個人，大家都嚇了一跳，因爲老師聲音很大，好像生怕大家聽不見一樣。

這還不打緊，老師接著又說了一句更驚人的話，他說：

「像某某、某某某、某某某……他們統統都在歧路上。」

老師一口氣說出了六個人的名字，可惜我記性不好，沒有記住。而辦公室中其他幾人，記性也比我好不了多少，一定也沒記清楚，因為太吃驚了，可能當時腦子一片空白。

不過，那時我心中卻有那麼一點喜，又有那麼一點憂。喜的是，我在老師心目中可能不算一個學佛的人，所以根本沒有上路，當然也沒有什麼在不在歧路上了。

但我又有一點憂，因為萬一老師認為我也算是一個學佛的人，豈不是歧路上就有我在內了嗎？

我迷糊了一會兒，馬上又得了一個結論，我心中想：老師點名的那六個人，應該都是學佛有些程度的人；至於我們這些泛泛之輩，既談不到走上正路，自然也無所謂岔不岔，歧不歧了。

想到這裡，自覺心中平靜了不少，此事與我大概不相干吧。

不過，好奇心使我不肯罷休，不免又拐彎抹角的想打聽一個明白。現在的年輕人可能不瞭解，說話有時要直言，有時一定要拐彎抹角才能達到效果。

於是我就像是問，又像是自言自語的說：

「歧路？一定很多吧！每人也許不同吧！不知道什麼才算歧路。」

豈知老師聽見我這些話，立刻直言道：「不在正路就是在歧路。」

這話不是白說嗎？誰都知道不正就是偏，偏路就是岔路、歧路；問題是：什麼情況算是在歧路上？

我只好再歪歪扭扭的，自說自話的講：「眞不曉得什麼才叫做歧路！」

老師於是東一句、西一句，說了不少。但我記性不好，無法重複，印象中大概是：好爲人師的，自認是接棒傳人的，宗教迷信的，妄語偏見的，自讚毀他的，順便求名求利的……最嚴重的是我慢，認爲別人說的都不對，只有自己最對，喜歡糾正別人，教訓人像個領導一樣……

其實這不就是作人應該注意的事嗎？我猜老師的意思可能是說：這些在

歧路上的修行人，當然在佛學佛法上多少是有一些成就的，但是得少爲足，不免妄自膨脹起來，一下子就膨脹到正路外面去了。

這可是我猜的，不是老師說的，大家不可誤會，至於是對是錯，各自隨意認定如何！

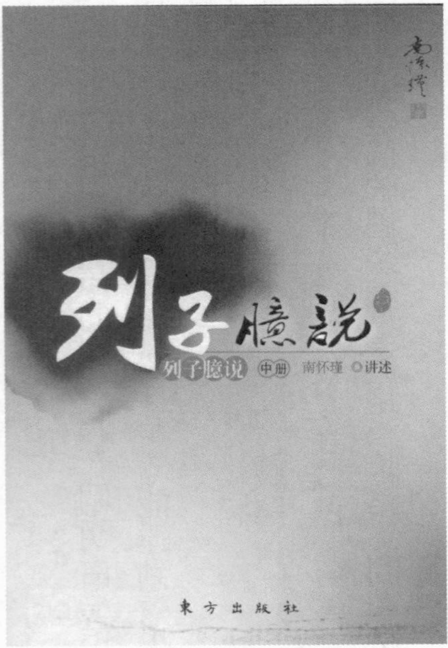

·《列子臆說》

十三、再來的人

常聽有人說，某人是某個古人轉世來的，學佛的圈子中常有「再來人」之說，尤其是小乘的經典中，就有羅漢再來人世幾次的說法。

六道輪迴是佛法的基本理論，許多人都信；西方人本來不一定信，後來好萊塢的電影也率先描寫了人有前生。可能因為東西方文化交流的影響，現在洋人相信有前世的也很多。

最有趣的是，有人竟然指名道姓的，說自己是什麼人轉世來的。有一個人說自己是秦始皇轉世來的；說自己前生是王陽明的有兩個人，自稱是乾隆皇帝轉世的有三個人，另外康熙、雍正、蘇東坡、司馬相如等等都轉世來了。

更有趣的是，這些自認是轉世來的，都是歷史上的名人大人物，從來沒有聽人說自己是豬狗、豺狼、江洋大盜之類轉世再來的。

令人奇怪的是，爲什麼夏桀和商紂王不來啊？周幽王也沒聽說來過，有人說這些人可能在地獄中刑期未滿……

幸虧沒有人說自己是孔子或孟子轉世來的，可見天良未泯，選自己的前世時，還算有點顧忌，不敢冒犯聖人。

很特別的是，自稱是大人物轉世再來的，多半是男人，女人較少，可見男人好大喜功的多，這輩子平庸不打緊，選一個名人當做自己的前世前生，也聊勝於無，可惜無法證明，只能作爲人們茶餘酒後的笑料罷了。

我這樣說，有些口德不好，不應該。其實我也是相信轉世之說的，這本來就是屬於六道輪迴之理。問題是，要有宿命通才會知道前生是誰。

如果一個有宿命通的高人，說你的前生是什麼人的話，你不必沾沾自喜，逢人便宣揚一番，因爲那可能只是高人的「飄飄黃葉止兒啼」罷了，哄哄你而已，也就是《法華經》上說的：「先以欲鉤牽，後令入佛智」罷了。

聽說那個自稱秦始皇轉世的人，沒有一絲一毫的作爲像秦始皇。更可笑的是，那個自稱項羽轉世的人，聽說不但絲毫無英雄氣概，相反的，他很怯懦，大概被劉邦的四面楚歌嚇破了膽，這輩子還在害怕。司馬相如的文采那麼了不起，這個自稱轉世來的人，既無文，又無才，我猜大概他對不起卓文君，老天爺罰他吧。

對於轉世之說，西藏那個密勒日巴大師的回應，堪稱擲地有聲，當大家都稱讚他前世如何如何時，他說：我只知道我是一個博地凡夫，自己努力而有今日的成績。（大意如此）

你前世是個大人物嗎？唉！靠前世撐門面，眞不長進，證明你墮落了。

中國人說酒後吐眞言，醉後吐亂言。大概我這是醉後的胡言亂語，請多包涵。

十四、一百天了

一百天了，老師走後一百天了。

這一百天裡，我們在做什麼？想什麼？是不停的悲傷思念嗎？是惶惶不可終日嗎？是急於營私謀利嗎？還是忙著幹損人利己的勾當呢？反省了沒有？覺悟了沒有？……

一個眞正的基督徒，每晚都要祈禱反省；孔子的大弟子曾子，也是「吾日三省吾身」，一天要反省多次，檢查自己的心行。

昨天，元月六日，老師西歸百日，老同學李慈雄發起，請宏忍師和永會師二位，在上海浦東恒南路的恒南書院，帶領大家一同拜八十八佛，共修懺法。前來參加的有從新加坡、香港、北京、山東、廈門、台灣各地友朋同學，大約二百人之多。

古聖先賢都曾說過：「思過遷善」，要時時刻刻檢查自己的過錯，才能夠改過而向善；因爲我們是人，是人就會在人海中浮沉，怕的是「近墨則黑」。黑不是外表，是內心，因爲墮落是漸漸的，是在不知不覺中被染汙，變成了「去善存惡」。

人生百年，太坎坷，太複雜，如果再有一個崇高的目標去追求去達到，只能捨棄一切，忍受折磨。

老師一生忙碌，爲命如懸絲的傳統文化努力不懈……現在老師走了，眞的走了，經典上不是說一切都是虛妄不實的嗎？爲什麼老師一去不回卻是如此的眞實？

2014/01/0

2014/01/06

十五、想起從前——顯明法師到美國了

南老師常說：「學佛的目的是爲了作一個活活潑潑平凡的人。」我們拜懺、謙恭自省，目的也是爲了先作一個平凡正當的人，進一步再努力、修持，希望能超凡入聖。當然囉！超凡已經很難了，入聖更加千萬倍的難。自古至今，眞不知道有多少人算是聖人。

信宗教的人，與學佛的人不太一樣，目的五花八門，有求保佑的，有求赦免罪行的，求升官發財的，求心靈依歸的……各式各樣都有。當然也有很多人，信佛教是爲了學佛、成佛。

有趣的是，多年前台灣有一個小偷，被抓到後竟然說，自己每次作案，都先去寺廟燒香拜佛，求保佑不被抓到，這一次卻不靈了。

信佛教要皈依三寶，關於皈依這件事，顯明法師說得最有意思，他說：

皈依是皈依佛的智慧，如果是因爲哪個法師功力高，可以給你改運而皈依，那是迷信，不是正信。

說起顯明法師，他在抗戰時期重慶的救國息災法會上（一九四二年），是虛雲老和尚的首座，那時也結識了南老師。法會結束後，他代表佛門響應十萬青年十萬軍的號召，還俗參加了遠征軍。

到台灣後，有一次去聽一個雷老師講經，大約是七十年代中期。聽後我大吃一驚，奇怪！除了南老師以外，原來還有一個雷老師，講得也很圓融易懂。雷老師不久再披僧袍，原來就是顯明法師。一九八〇年，他受南老師邀請，任教於十方叢林書院，極受同學們的愛戴。

一九八四年，我在洛杉磯時，顯明法師辦妥手續，也到美國來了。那天我們幾個人到機場去接他，回程路上，有人提議去吃海鮮，我則建議陪法師去吃素齋。

豈知顯明法師連忙說：「不必不必，來的時候南老師已經交代我了，不要麻煩人，去任何餐館都可以，我只要一片麵包一杯牛奶就行了。」

於是我們就去了海鮮餐廳，不過，特別爲法師點了一個素什錦，結果素什錦都被我們吃光了，法師只吃了一點點，眞慚愧！

當時朱文光的一個美國朋友，是加州大學分部的一個女教授，教哲學的，喜歡研究《易經》。她見到顯明法師後，非要請他去她學校講演不可。一時又找不到合適的人作翻譯，只好由我濫竽充數了。

她的那門課，選修的學生本來只有十個，聽說一個和尚來講演，學生立刻多了兩倍，教室坐滿了，因爲那些學生從來沒有見到過和尚，更何況這個和尚又是天臺宗的傳人呢！

說到那次的講演，眞夠滑稽的，顯明法師講得引經據典，鏗鏘有力，而我的翻譯有些是他講的，有些不是他講的。我們各說各話，十分荒唐可笑。

爲什麼會這樣呢？因爲完全眞實的翻譯，我的能力辦不到；而且學生也不會懂，只好隨機說些簡單的，一般外國人能瞭解的佛言佛語！幸虧教室中沒有兼通中英兩種語言的，所以沒有露出馬腳。結果同學們還踴躍發問，十分熱鬧，後來還要求再去講呢。

這件事，回台灣後說給南老師聽，老師大笑不止，還說：「可以！可以！這叫方便法門。」

這差不多是三十年前的事了，我說的這些老話，眞希望那天教室中的人不知道才好。阿彌陀佛！

十六、下雪了

前幾天忽然下雪，清晨起來，看見窗外的銀色世界，不禁想起小時候開封的冬天，一場鵝毛一樣的大片雪花空中飛舞，小孩子們歡呼大叫，不畏寒冷，冒著大雪跑到學校，可以打雪仗了。

記得是我小學二年級的時候，那天老師看到大雪，看到孩子們興奮的模樣，就說了一個笑話給大家聽。他說：一個有錢人家，四個人在客廳飲酒賞雪，有一個人提議作詩詠雪，每人說一句。

第一人說：「大雪紛飛滿地」，

第二人說：「都是皇家瑞氣」，

第三人說：「再下十年何妨」，

這第四人正在猶豫如何接下去時，忽聽院牆外一個叫花子接了一句：「放你媽的狗屁。」

孩子們聽了都大笑起來，老師停了一會兒又說：我們在屋子裡有火烤，有棉衣穿，又可以賞雪；但是不要忘了，外面有多少挨餓受凍的人啊！將來你們長大，不管做什麼工作，永遠不要忘記世界上還有飢寒交迫的人，有需要幫助的人……

這一幕至今不忘，這首詩始終記得，只是現在說起來，大家只當聽了一個笑話而已。

童年的感受是非常非常深的，幾年後又開始了對日抗戰，物資缺乏，不知不覺中養成了不敢奢侈、不敢浪費的習慣。年齡相近的老友們，多有這個習慣，或可說有這個毛病。

有一個老朋友，她是很有錢的人，住在美國，除了常作義工，隨緣助貧之外，仍然把快用完的肥皀留著，積幾個又黏在一起繼續使用。

還有一個老友，兒子特意買了一件羽絨衣給他，因爲不願老爸仍穿那些舊衣，索性把老爸的舊棉襖偷偷丟掉。我這老友找不到舊棉襖，忍不住大罵兒子一頓，第二天還在罵。兒子和老爸雙雙都令人同情，所以，怪不得古人說「子欲養而親不在」，等到兒子老了，才瞭解從前的老父老母，而兩老早作古了。

人與人之間太難了，難溝通，難了解，最難的更是原諒。

雪啊！引起我八九十年前的回憶，往事猶如昨天一樣。哎呀！九十年怎麼像一彈指間那麼快啊！

十七、想起抗戰時期

想起來對日抗戰，那些年所經歷的種種酸辣苦澀，眞叫一言難盡。

七七盧溝橋事變時，我剛考上高中。到了冬天，前方不斷失利，大家人心惶惶，書也唸不下去了。

這時聽說有人組織抗敵宣傳隊，要到接近前線的地方，對老百姓宣導抗日。因爲窮鄉僻壤地方的老百姓，很多不知道打仗是抵抗日本人的侵略，還以爲是軍閥內戰呢。

我和另外三個女同學，參加了開封抗敵宣傳隊第一隊，湊合了六個女生、八個男生組成了這一隊。

當時全隊中我的年紀最小，只有十六歲，其他的隊員有河南大學的，開封師範的，以及別的學校的，都是愛國的熱血青年學生，年紀最大的也只有二十多歲。

當時像這樣的抗敵宣傳隊，都是學生自動自發組成，不屬於任何機構，所以不但沒有薪水，連生活都要自己設法。我們這一隊，都由那些老大哥們籌措一切，因陋就簡，就朝北方出發了。到了新鄉、焦作一帶，展開訪問農村，宣導抗日的工作。首要的勸導就是不能當漢奸。

我們的工作安排，上午外出訪問農家，下午演街頭劇，唱愛國歌曲。當時最火紅的劇是「放下你的鞭子」；最主要的歌就是「義勇軍進行曲」了。可笑的是，到了台灣之後，這個歌不許唱了，因爲已經變成大陸的國歌了，直到兩岸和解才再解除管制。

回頭再說參加宣傳隊之前的一年，面對日本的不斷挑釁，全國各地都在高喊抗日。因爲國民政府主張攘外必先安內，所謂安內，就是先要對付共產黨。

那一年，各處風起雲湧的學生罷課、請願、鬧風潮，要求政府抗戰。我們學校（開封第一女中），也曾罷課，遊行示威，還到火車站臥軌。這些事，我當然都積極參加了，好不興奮！

先父對我一向寬容，對於遊行示威臥軌這些事，他只說了一句話：「領頭鬧的是敢死隊，當炮灰的。」不過，我輟學參加抗敵宣傳隊之事，他沒有反對；不但不反對，還對他的朋友說：「我的女兒才十六歲，都到前方去了，你是黃埔軍校四期畢業的軍人，你怕什麼啊？」因爲這個人被調往前方，他害怕，很不想去。

再說我們這個宣傳隊，在河南河北交界區域，屬於第一戰區的地方，折騰了兩三個月之後，有一天，忽然第一戰區司令部有人來找我們，帶走了我們的兩個男隊員，並將我們這一隊散兵游勇收編進他們的政治部。於是我們被送到鄭州，什麼事都不讓我們做了。過了一段時間，我和另兩位女同學黃灼、孟大可，就離隊一起到西安去了。

當時是國共合作抗日的時期，不過，國方仍防範共方，那兩個被帶走的，當然是共產黨員，其他的隊友們，除我之外，大概多數是共產黨員。

早期的共產黨員，我所認識的，都是赤誠無私，勇敢爲國爲民的，只不過，當時我並不知道他們是共產黨員罷了。

光陰似箭，轉眼到了一九九二年，兩岸已互通往來，化敵為友了。我到了北京，輾轉聯絡到一些老隊友們，大家在五十多年後終於再相逢了。見面我第一句話就問他們：「當時你們是不是共產黨啊？」

他們齊聲說：「我們早就是黨員了。」

大家互敘以往，才知道都已退休。

祁俊，解放後曾任建設材料部副部長；

張煌，是我們的隊長，解放後曾任駐南美某國大使；

劉影，書法家，曾任北京人大祕書；

黃灼，國際廣播公司退休，她的丈夫左營，也是我們的隊友，在去世前也在廣播文化界任職。

另外隊友孟大可也已去世，蕭檬在上海四明醫院工作也退休了。

相聚有說不完的話，也記起了很多趣事。人生有聚有散，有時是友，有時成敵，一切莫非定數？

十八、唯識與生命科學

元月二十日，在廟港的「江村市隱」所在處，舉行了一個「唯識與生命科學研討會」，主持的人是呂松濤先生，參加的人大部分是太湖大學堂時代從學南老師的同學們，半數為滬東醫院的醫師和醫務人員，共有百人之多。

上午九時開始，首先由南方科技大學的朱清時校長，報告科學方面有關生命完結後的研究，目前已證明，人在死後有量子意識存在，應該就是我們普通說的靈魂。

凡是科學界的新學說，一開始多不被同行的人認同，過了三年兩載，大概不認同的人作了研究，漸漸也都認同了。這個所謂的量子意識（靈魂），現在已被科學界認同了。

朱校長講了一個小時，題目是〈我們從哪裡來？到哪裡去？——現代科

· 宗性法師

· 演講者：朱清時校長

· 演講者：呂松濤先生

學與佛學談宇宙的本體〉，他用淺顯的語句，解說深奧的科研，內容精彩引人，講完後有多人發問，有人問的問題也深不可測（是我不懂），有人還問：「死後有靈魂確定了，如何投胎再來的事，研究出來沒有啊？」朱校長笑答：「現在還沒有，一步一步來吧。」我心裡想，這問的人未免太心急了。後來知道問的人就是李慈雄老同學，他是台大電機系畢業的，到美國又在史丹佛大學唸了博士。

接著由成都文殊院大和尚宗性法師，講有關學習唯識的問題。唯識學是佛學中頗為艱深的部分，名相太多，使人如墜五里霧中，所以這門學問，自來多是學者們當做學術研究的較多，而宗性法師特別提醒大家，是要以唯識檢驗自己修持的。

宗性法師少年出家，對唯識學，以及《大學》、《中庸》等，都是從背誦入門的。經過多年研究心得，向大家介紹如何研究唯識。他講解的方式，通俗易懂，不像學院派那麼高不可攀，所以大家皆踴躍發問。他說常常有人問他為什麼出家，他回答得很妙，很輕鬆，他說：「我也不知道啊！就那麼出家了。」

在休息的時候，李慈雄立刻上前邀請他，在三月十七日，到他的恒南書院去講唯識，宗性法師也痛快的答應了。

第三個上臺講的是主辦人呂松濤先生，這位綠谷企業的老闆，自七年前從學南老師之後，作人處事的目標有一百八十度的改變。他本是哲學系畢業的，文思和口才都不簡單，他講的題目是〈唯識如何應世〉，內容包括很廣，因爲任何學說理論，能應用於生活工作中的，才有價值。其實，生命的一切思維和活動，都離不開唯識學的範圍。

下午的節目是各地從學南師的學友們共同討論並敘舊。大家熱烈發言，晚飯後才盡歡而散。

十九、誰是天才

前兩天看到中央電視台的報導，美國有一個天才青年自殺了（好像是元月十三日）。這個天才從十五六歲就出人頭地了，自殺時才二十多歲，大概紅了十年吧。

中國的古話說：「小時了了，大未必佳」，童年少年的時代，表現特殊優異的孩子們，可能是天才。如果自己的小兒女是天才，做父母的可要特別小心謹慎了，因爲對這些天才孩子的教育或引導，是非常不容易的。

不管孩子是不是天才，人是生活在人的世界中的，一個天才也是要能融入社會人群，知道如何與人相處，如何自我定位，才能漸漸發展自己的特長，才能圓滿成就，對社會有貢獻。

反過來看，小時候很差勁的孩子，長大後也會有很不平凡成就的。

舉例來說吧，二次大戰時的英國首相邱吉爾，帶領英國度過難關，未被德國佔領。戰後他寫了《二次大戰回憶錄》，竟然獲得一九五三年諾貝爾文學獎，當年並得到英國最高榮譽的嘉德勳章，並被封爲爵士。邱吉爾從政壇退休後，在畫藝方面也有些名氣，此人多才多藝，應該算是天才吧！

可是邱吉爾小時候卻是個讀書不靈光，很會惹麻煩的孩子。他曾被迫轉學四、五次。英國有名的伊頓學校校長，寫信說明要他轉學的道理（其實就是開除他的原因）。信寫得很客氣，英國紳士作風，只說邱吉爾的特點，像不守校規等等，認爲他不適合在伊頓讀書之類的話。

邱吉爾長大成人後很不同，很特殊，很不平凡，成爲英國的首相。在歐戰最激烈的時候，有一次英軍大失利，下屬向他請示該如何重新佈局。

邱吉爾接到緊急請示的電報後，坐在打字機前陷入深思，腦子只是一片空白。過了不知多久，他的兩手自動開始打字，劈劈拍拍一件指令打好了，內容精確睿智，解決了問題。信基督的人說，是上帝給他的指示；信佛的人說，是佛菩薩的加持；禪宗的信徒說，是「定」而生「慧」……

反正，他是個不平凡的人物，而幼年的他，卻是比平凡更平凡的孩子。邱吉爾抽雪茄又喝酒，到了大約八十歲時，有人問他長壽之道，他回答說：「抽煙喝酒。」眞是一個老頑童，一生精彩又瀟灑。

戰時大公報駐英倫的特派記者蕭乾，每週寫一篇英倫報導，那是大家必讀的，也是最欣賞的。九〇年代爲了南師書籍出版事，我經常來往大陸台灣之間，每於到北京時，都由大學同學鄒霆（外文局作家）陪同造訪前輩蕭乾，不免談到戰時的英倫三島。戰時的英國，由於物資困難，食物管控，每週每人只配給一個雞蛋（可能記錯，也許兩個），孩子們過生日那天，清晨醒來，摸到枕邊有兩個煮熟的雞蛋，欣喜萬分，那是最好的生日禮物了。

寫到這裡，又想到中國地域廣大，對日抗戰時期，政府從南京遷到天府之國的四川重慶，四川物產豐富，所以大家尚未挨餓受凍；但一般人也不敢浪費，知道惜福。再看現在，酒席盛筵，山珍海味，奢靡享樂，而偏遠地區苦寒依舊。想來想去，眞不知道該哭，還是該笑……

二十、戰時的名將

說到二次世界大戰，開始不久，中國海上交通已被日軍封鎖，一九四一年底，美國派史迪威將軍來華，首先就修一條從雲南到緬甸的公路，解除對外交通的困擾，當時就叫史迪威公路，現在叫做滇緬公路，經由這條公路，當時每月可運兩萬噸物質進入中國，打破了物質不能進入的障礙。

當時的緬甸，除了擔負滇緬公路的重任外，也是英軍保衛印度的前哨站，那時的印度，還是英國的屬地。所以一九四一年底，中國和英國簽訂了軍事協定，中國要組織遠征軍，進入緬甸與英軍共同作戰，保衛滇緬公路，保衛印度。

遠征軍組成時，號召十萬青年十萬軍，那時我正在西昌技藝（農工）專科學校，讀的是土木工程科，校中許多男同學都響應號召，參加了遠征軍。

當時的孫立人將軍，也在遠征軍，他是安徽人，美國維吉尼亞軍校畢業（VMI），史料記載，遠征軍統帥是美國人史迪威將軍。在國民政府遷台灣後，爆發了朝韓戰爭，美國立即調派第七艦隊協防台灣，並成立美軍顧問團常駐台灣（自一九五三年起，我曾在這個顧問團工作十二年之久）。

由於孫立人將軍出身美國軍校，所以在台灣的美國軍方與他往來較多，以致被有心人構陷有政變企圖，終被蔣介石停職看管，像對張學良一樣，失去了自由。更有甚之，把他的功勳從史料中刪除或改寫。

遠征軍在孫立人的指揮下，曾以少量軍力，解救被日軍圍困的三千英軍，因而榮獲英國頒發的勳章。

我有緣曾多次晤見孫將軍，那是在抗戰勝利回南京後的一兩年間，在曉園大姐家見到的（在南京廣州路底的五台山）。因大姐夫葉南，是法國軍校畢業，也是遠征軍的一員，故而與孫將軍常相往來。曉園大姐曾說，孫將軍人品高尚，有傲骨，又是軍事天才，恐會遭妒，難被政治圈中的某些人容納。

孫立人將軍在一九九〇年在台去世，享年九十歲，紀念會也很隆重，因爲大家都知道他是冤枉的。

飛虎隊在中國

當時在緬甸作戰的，還有美國空軍組成的飛虎隊，在中國也有基地。有一次，飛虎隊一架飛機受傷返航，飛行員跳傘落在雲貴山區，當地夷人看見空中掉下來一個紅頭髮藍眼睛的人，以爲是個妖精，就把他打死了。政府爲了避免不幸再發生，特別製作了一個標誌「來華助戰洋人」，縫在飛行員的夾克背面。一九九五年八月十三日，美國退伍軍人協會在紀念停戰五十年的集會上，一個飛虎隊的飛行員還展示了他的夾克。

飛虎隊的領隊是陳納德將軍，他的太太陳香梅女士是中國人。中美建交不久，北京開設了「友誼商店」，專供持外匯券的人購物。陳香梅女士寫過一篇文章〈友誼商店不友誼〉，因爲服務員不客氣，對顧客沒禮貌。可能是文革過去不夠久，人們還沒有從冷漠和仇恨中完全清醒過來吧。

這些事都是記憶中的，也許與史料有小差異，但都是眞實的。

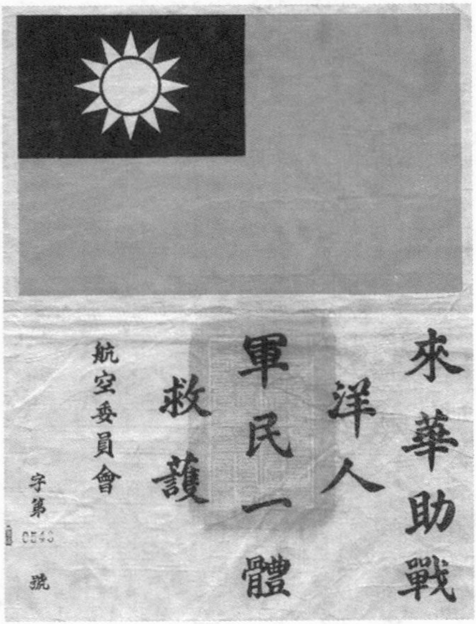

二十一、拜年　拜早年

小時候最喜歡過年，當時也有順口溜：「臘八，祭灶，新年來到，穿新衣，戴新帽，小妞要花，小子要炮，老頭老婆要核桃。」

在我小的時候，過年除了有好吃的，好玩的，又有壓歲錢之外，還有些傳統的禮數要遵守。

首先除夕那天要去長輩那裡「辭歲」，當然這是大人的事；有些當部屬的，則要去向長官辭歲，表示告別舊年。辭歲不能說拜年，也不多停留，有時三五分鐘就告辭。反正是個禮數而已。

等到初一那天才能說拜年，與熟人相遇也互道「恭喜」、「恭喜發財」之類的吉祥語。那時拜年的紅包，也是初一才給的，只有家中給晚輩或佣人的紅包，是在年夜飯之後給的，叫做壓歲錢。我的父母會在我們入睡後，把壓歲錢放在我們枕邊，初一醒來，急忙先找那包壓歲錢。一年開始就有錢，象徵一年好運，高興萬分。

從前還是農業社會的習俗，那時人口比較穩定，流動少，所以能沿襲傳統的規矩。現在的社會進步了，商業化，工業化，人口流動不停，年底熟人分手可能不再相見，所以只好先拜年，叫做拜早年。連外國也是一樣，聖誕節前就說聖誕快樂了。

我們剛到台灣時（五〇年代），仍然是老規矩，又辭歲又拜年，漸漸就免掉了辭歲。六十年代中期，電話開始普遍了，大家就開始了電話拜年。

再說到親友家拜年時，除了給孩子們紅包外，也要給佣人們節賞。但是一定要說明，並交給主人，不可以私下交給佣人。與人家的佣人私自交往，在傳統禮節上來說是不可以的，是不光明正大的。

再說訪親友帶去的禮物，應該親自先對主人說明再交付，表示敬意。以前常有人來拜訪南老師，進門把禮物隨便放在一處，沒有交代，告辭走後，才發現這些禮物，不知是誰送的，也不知道是送給誰的。

中國本是禮儀之邦，現在許多人的舉止言談，常令人混淆不知所措，尤其是有些人，自己的定位弄不清楚，主客不分。自己分明是個客人，言談舉止像是主人；有的人對待朋友同學，言談舉止卻像是領導對下屬。

有一次我到老友家作客，用餐時，一個中年人，大概是敬老尊賢之故，立刻向主人（老人）敬菜，熱烈照應，弄得我這個老友很尷尬。我忍不住說：「客人不要招待主人」，他聽了很不好意思。

其實客人也是可以照應主人的，要看情況，要有分寸。

也有些人，在職場工作，雖是人家的部屬，偏要堅持己見，要上級聽從他的，結果或被解僱，或只得辭職了事。這都是屬於難溝通，難相處的人，自我定位不清。

寫到這裡想起來，北方人愛吃餃子，據說起源於北宋首都開封，在除夕守夜時，全家包餃子守夜，因爲是守夜到交子時的時候，所以當時叫做「交子」，後人把「交」字加上「食」邊，才變成了餃子。

這些老話、廢話，供大家茶餘飯後一粲。癸巳年，祝望國泰民安，一切順遂如願。順便提一句，三月十七日的「唯識入門」，恒南書院在月底前會公佈聽講辦法。

二十二、兩個人——蒲松齡和莫言

過年前，一陣子忙忙亂亂，總算混到了蛇年，友朋互賀新春稍歇，不免閒坐聽風。入夜偶翻《聊齋誌異》，就想到了作者蒲松齡。這個才子，沒有塵緣的功名富貴，但是，兩三百年來，卻感動著各階層人們的心。

我是十一歲看《聊齋》的，當時是躲在被窩中用手電筒照著看的。越看越害怕，因為那時的了解，鬼就是鬼，所以害怕。

年齡漸長再看這本書，每次的感受都不同，可見一個人對事物的了解，對人的了解，都因年齡不同，閱歷不同，學養不同而有差異；更因各有自設立場，而產生了不同的感受。

不知道為什麼，想到蒲松齡就聯想到得諾貝爾文學獎的莫言。我沒有看過莫言的小說，只看過他的小說拍成的電影《紅高粱》。但是，我看了莫言得獎當時那篇講話。

莫言得獎後受到很多讚揚，也受到不少負面的批評。這當然是社會上的自然現象，反正在許多人哭時，一定有人不哭；在許多人不哭時，也一定可能有人哭。

莫言領獎時的一番話，道盡了一切，包羅很多，感人至深。也許應該說感我至深，這是無法說道理的，這就是文學。

莫言的故鄉，就是蒲松齡的故鄉，所以我一陣子胡思亂想，感覺莫言大概就是蒲松齡轉世再來的吧？

我這樣猜測也是有一絲半縷根據的，因為佛經上說，人在死的時候，「萬般帶不去，只有業隨身」。意思是說，人死後，房屋、汽車、錢財等等，一切東西都帶不走，只有你行為所造的無形的業力，不管善業、惡業、無記業，都會跟隨著你，永遠跟隨著你輪迴、受果報。

所以，會寫文章的人是有慧業的，這個慧業隨著你，是你的一部分，再世為人當然會寫文章。因此我才猜想，莫言就是從前的蒲松齡再來；也因為這二人的文章，皆簡淨平常，但其感人之處卻是深不可測，這就是文學。

也有人連字都不認識，悟道後忽然會背誦文章。據說是前世的慧業激發出來之故。難怪清朝大文人龔定庵有詩說：「萬一禪關砉然破，美人如玉劍如虹。」

「萬一」就是沒有什麼可能，只能算是一個意外而已，因爲平時不努力，哪有可能破禪關？不過，萬一破了禪關，也是由於自己多世修行，此生有緣……反正說來說去只是文人的俏皮話罷了。

再說《聊齋》寫好後，蒲松齡向進士出身的一代大文人王漁洋請教。王漁洋閱後大爲激賞，竟出數百金擬收購書稿。蒲不肯，王只好題辭讚之：「姑妄言之姑聽之，豆棚瓜架雨如絲，料應厭作人間語，愛聽秋墳鬼唱時。」（後人有將「時」改作「詩」）

由此可見，文人對「名」的欲望，自古有之，也很強烈，想把別人的智慧產品據爲己有。不過，雖說是對「名」的欲望，倒還願付出代價。而今人的盜印他人著作，雖非爲名，卻是爲利，但又不付代價。也許將來會付代價，大概是在果報來到時吧。

二十三、老師的咖啡

新春友朋同學聚會，東拉西扯之際，不免想起昔日在大學堂相處的一些趣事。有人提到武藝高強的那個老同學某君，雖在大學堂時間不久，但大家都記得他。

提到此人，立刻想到一樁妙事。那是五六年前，因爲他的武功好，初來時，常隨在南老師左右照應。有一天下課後，我離開禪堂時，他走在我後面；當我去飯堂時，發現他也正在我後面走。

當時我不以爲意，認爲是巧合，豈知第二天他仍然如此，走在我後面。可能他看我年紀大，又用拐杖，大概怕我摔倒，所以好心照應。於是我就對他說：「謝謝你，我沒問題，你就自便吧，不要再跟著我了。」

哪知道，第三天，當我到院中散步時，他仍然跟著我。我突然心生煩惱，覺得老有人跟著，自己像個犯人一樣，被人監視，不由自主的對他大聲說：「拜託！請不要跟著我好不好！」

哪知道他卻回答了一句驚天動地的話，他說：「是老師叫我跟著你的。」我大吃一驚，心有不平，就去找老師理論，問老師：「爲什麼叫人跟著我？」

老師見我不太禮貌的樣子，不但沒有生氣，反而滿面笑容的，也說了一句驚天動地的話，他說：「因爲他老跟著我！」

大家聽了我講的這件事，哄堂大笑，並且囑咐我，一定要寫出來與大家分享。

其實老師表達意見時，還有許多拐彎抹角的法門和方式，那是傳統文化的禮貌和修養，不直接說，避免造成別人的不便。可是年輕一代的不懂，以致笑話連連。

譬如說吧，那時在大學堂辦公室，大家每天下午會喝咖啡，時間也不一定，大約是三點半到五點之間。

有一天老師下午四點進來辦公室，他坐下來就叫某某，問她：「你們預備什麼時候喝咖啡啊？」

由於我的年齡接近老師，聽慣了從前有教養人的說話方式，所以一聽就知道老師想喝咖啡了。不料這個年輕人，卻很老實的說：「我們準備五點喝咖啡。」

聽了她的回答，我禁不住喊她一聲：「二百五，你眞笨啊！爲什麼不說現在正要去煮呢？」大家也都大笑起來。

又有一次，也是爲了喝咖啡，幾個年輕人認爲，爲了老師的健康關係，咖啡不可太濃。那天老師喝完咖啡之後，就問煮咖啡的那個年輕人說：「今天喝的是什麼啊，是咖啡嗎？」這句話充分表達了對咖啡的不滿。

這個年輕人只好老實的說：「是啊！只不過咖啡少了一點，牛奶多了一點，還把剩下的一點牛奶，都倒進您的咖啡裡了。」原來給老師喝的，只是咖啡味的牛奶。

老師聽了，無奈的笑了一下，又嘆了一口氣，沒再說什麼。不過，我替老師抱不平，忍不住又罵了她一聲二百五。她說：「劉老師，您不要再罵了，我已經是五百了。」

後來我又提醒這些年輕人，你們的好心好意，弄得老師連喝一杯咖啡都會打折扣，我們老人多可憐啊。幸虧我喝的是眞的咖啡。

二十四、老人的固執

一想到以前的事，就會想到許多雞零狗碎的小事。昨天有個老朋友從台灣打電話給我，說起我們這些老人都很固執，爲什麼會固執呢？可能是先入爲主的原故，外加多年前的習慣所造成。這是那些學唯識學的人說的，大概是研究的結果吧。

所以學佛的人要破掉我執，可能固執和我執的意思差不多吧。

舉例來說，前幾年有一天，大學堂有個大廚師小林，是四川人，因爲老師愛吃四川菜，所以特意找一個川菜師傅。

那一天，請小林做一個連鍋湯。湯端上來了，只看湯上漂著一些紅色的小東西，我就問小林那是什麼，因爲連鍋湯只有白肉和白蘿蔔，怎麼會漂些紅色的玩意兒呢？

小林的回答很好玩，他說：那是枸杞，現在流行這樣做，比較漂亮。老師與我都不以爲然，因爲我們抗戰時期在成都吃的連鍋湯，並沒有枸杞。不過，老師只嘆了一口氣，就算了；我比較執著，爽性把那幾點紅玩意挑了出來才罷休。

孫公要結婚

最固執的算是那位古琴大師孫公了，記得是八〇年左右，他大約是六十來歲，來台這麼多年也沒有再婚。有一天忽然來到老師辦公室，告訴我們快要結婚了，現在正在修整粉刷房屋，整理好就請大家喝喜酒。

大家聽了都恭喜他，替他高興，終於有個伴了。豈知過了很久也沒音信。那一天他又出現了，老師就問他何時結婚，他說：不結了。

我們都大吃一驚，六十多歲的人，怎麼像少年人那樣？說了結婚，還沒結婚就變卦了，這算是返老還童嗎？大家趕忙問他原因。

他說：粉刷房子的時候，曾交待他這位女友，不能移動整理他的東西，尤其是書桌上的一切。哪知道她不聽，仍然替他整理得井井有條，弄得他亂套了，不知如何是好，當然就不會與這個女子結婚了。

這位女士也四十多歲了，難得結交一個投緣的人，結果被她的熱心把婚事搞砸了，多不幸啊。

艾德的孝行

說到老人的固執，又想到老師那個美國學生艾德，服務於美國外交部，也曾在四川作過領事，現在已經退休了。三四年前他來大學堂看望老師，我們偶然談到老人的問題。

他說有一次他從紐約到華盛頓看父母，看見廚房比較亂，一時孝心大發，就替母親整理了一番，心想總算有機會給母親做了些事。

一週後，父親到紐約來了，對他說：你媽媽看到你替她整理過的廚房，只說了一句話：「這不是我的廚房了。」
這句話使得當兒子的吃驚，也困擾，因爲兒子還沒有老，當然不懂老人的心態，總是以自己的標準，加諸於別人的身上。結果一片好心，給老人製造了一個不高興，眞冤啊。

二十五、修法的往事

說起陳年舊事，又想到好幾年前的一件事。有人打電話到辦公室來問，說他修準提法有一段時間了，現在發生了問題。他描述了一下他的問題，因爲時間太久，我已忘記具體的內容了。

於是我就跟他說，你應該去問傳你法的上師才是。他說：「我曾問過這個老師兩次，但他都沒有回答。」

當時我心中很同情他，因爲他的傳法師不回答，可能是不知道如何解決學生修行的問題。禪宗的教化，有時以不答作爲回答，但修準提法不是禪宗。所以指導學人修法，是個大問題，傳法的人，必須是過來人，因爲自己修法有成，才知道過程中可能發生的問題。又因爲自己是過來人，當然有解決問題的經驗，所以才有當「師」的資格，才能傳法。

怪不得唐代雖然禪宗鼎盛，但卻有禪師說：「大唐國內無禪師，不道無禪，只道無師。」意思大概是說，縱然禪宗很盛，悟道的人也不少，但是有當「師」資格的人卻沒有，或者說很少很少。

所以當人家的老師是很嚴重的事，對於來電話的那個人，我只得對他說：「我無法回答你的問題，不是我不願意，而是我沒資格，也沒能力。如果你眞要我說一點意見的話，我只能說，如果我是你，我就暫時不修這個法，等到遇見有緣的上師再說。」

學法是要有緣分的，記得《指月錄》上有一個修行人曾說：「我眼本正，因師故邪。」意思是老師指導錯誤，把學子引到邪路上了。所以密宗的戒律，上師選錯弟子是犯戒的，弟子選錯上師也是犯戒的。當然最重要的是，當老師的必須是過來人，才不會誤導弟子，否則，弟子非但未得益，反而受害。

越級修行

回想起來，許多受南師傳法的同學們眞是幸運（包括我在內），因爲修法有問題時，有南老師這個過來人指導。但是我後來並未繼續修，因爲狀況多，又因老師說：「你們是越級修行。」所謂越級修行，我的了解就是小學生修高中或大學的課程，連雞兔同籠的數學問題都還沒弄清楚，就去學幾何、代數、微積分，怎麼能成呢？所以，程度不到，功德資糧不夠，就不要貪心成就了，還是慢慢來吧。

可是南老師爲什麼又要傳給大家呢？我猜老師認爲許多人之中，可能有具備資格的人，趁老師教化的機緣，趕快修；我又猜想，老師是叫有緣的學子們修，修成功才能傳，並且要愼選弟子。這是我的猜想，對不對不一定。

這又使我想起從前學太極拳的事。四十多年前，我請了一個很傑出的老師，教我太極拳，只教我一個人。記得每月學費四百元，當時有朋友笑我上當了，因爲他們在公園集體學太極拳，每月只交五十元。

教我拳的老師，教了一個月還沒有教一勢，每週上課兩次，先教基本各種動作，站樁啊！雲手啊！扭腰轉腳等等，眞是掰著手指頭教。後來都熟練了，身體也柔軟了，再教一百零八勢的拳，很快就學會，姿勢不會錯，該先轉腳時，就不會先轉腰；該先轉身時，就不會先移腿……，效果很好。不像公園一批學拳的人，動作各自不同，因爲老師照顧不到每一個人，所以大家不是學拳，只是依樣畫葫蘆罷了，畫的各式各樣，很有趣。

學拳尚且不易，學法修行不是只用一個範本就可以了，是需要能指導的老師，否則身心出了毛病找誰？

我囉嗦了一堆，只是個人見解和體會，不一定對，只是隨便閒談罷了。

二十六、一樁奇怪事

說到學道修法之類的事，眞正複雜。大約是七〇年代中期，有一天南老師接到一封來信，是一個學道家工夫的人寫來的，他的師父某某過世了，要南老師出面主持喪事。

老師想了一會兒才想起來，這位某師，的確見過，那是在剛到台灣時。老師本來是個好學的人，一聽說某處有個有道之士，馬上就會去參訪。所以初到台灣，聽說有高人，自然要去探訪。

見面之後，大概無緣吧，以後也就不再聯絡了。

事隔二十多年，忽然冒出來這樣一封信，可能寫信的人當時在某師處，曾與南老師見過面，所以才寫信要老師主持喪事。猜想因爲南老師這時已頗有盛名，所以這個某師的弟子才希望南師出面辦喪事。

南老師當然不會出面，因爲自己既不是他的門人，也不是他的朋友，更不是他的家人，所以於禮不合，於情於理也不得體。

過了兩三天又收到此人來信，信中語氣頗不友善，南老師只有置之不理了。此事也就無疾而終。

天下事無巧不成書，有一天堂姐來告訴我，朋友介紹她去看一個有道的人，此人打坐的椅墊上都會發光，所以她要我去開開眼界，見他一下。

我對這類神奇古怪的人和事，一向沒興趣，不喜歡去湊熱鬧，所以沒有去，也不知道此人姓甚名誰。

豈知大約一兩年之後，有一天堂姐告訴我，那位有道的高人已被送進醫院了，是精神病科。

我大吃一驚，他不是有道的高人嗎？怎麼會這樣呢？

更令我吃驚的是，幾天後，我剛進到老師的辦公室，看見大家正在感嘆，說有一個精神病患，夜裡從醫院跑出來，死在路旁的陰溝之中了。而這個人就是寫信要南老師替他師父辦喪事的人。令我更吃驚的是，此人正是堂姐告訴我的那個有道的高人。

天下事怎麼會這樣？這件事使我迷糊不解很久。記得朱文光曾告訴我，常打坐的人消耗鉀較多，缺鉀會使精神系統紊亂，朱博士說是美國醫學方面的資料。怪不得那位常坐不臥的廣欽老和尚，早已不食人間煙火了，但平時仍吃香蕉，可能因爲香蕉中含鉀量較高之故。

總之，此事令人不爽，是醫藥問題嗎？是果報問題嗎？怪不得學佛要懂「醫方明」，修行處處是岔路，是難關，也怪不得古人說要先做到「諸惡莫作，眾善奉行」。如果沒有善業的資糧，恐怕想成爲一個堂堂正正的人都難，更別說成聖成道了。

也因此之故，我始終是一個徘徊在門外的人，對於有些修行問題，恕我不能回答，不是不願，而是無能，更怕「問者眼本正，因我變成邪」。

話又說回來了，南老師的書中不是都說了嗎？在書中自會找到答案啊！

二十七、台灣早年的一樁大事

我是一九四八年十月從南京到台灣去的，當時的南京是初冬時節，山已禿，枝已枯，一片蕭瑟；外加戰爭的影響，人人心中充滿了不安。於是各尋出路，或回鄉，或出國，我則偕家人一夥到台灣去了。

當時搭乘的飛機，可不是現在的客機，而是軍用的運輸機，兩邊長排的座位，連安全帶都沒有。

飛機在台北要降落時，我從窗口向外看，但見下面翠綠遍地，生機勃然，不由得心中大喊：好美的寶島啊！

後來才知道，當荷蘭人初次發現台灣時，也是這樣驚呼的。

太幸運了，遠離戰爭，遠離寒冷，遠離隆冬，來到了春尚在，花仍開的地方……

這時忽然想起馬關條約，日本要清朝政府割讓台灣給他的這件事。當時慈禧太后說了一句話，她說，台灣花不香鳥不語，就給日本吧。她言下之意，台灣沒什麼好，送給日本沒損失，沒什麼了不起。

這個慈禧眞是個笨蛋，因爲她沒去過台灣，她什麼都不瞭解。

到台灣一年後，我開始新聞方面的工作，兩年後又轉入了駐台美軍機構工作。現在我要說的，是五〇年代初期的一樁事。

台灣的經濟起飛是六〇年代初期開始的，當我們初到台灣時，不論官方與民間，多半都很艱難，很困苦。最可憐的是軍人，待遇菲薄，如果是人口多的家庭，連飯都吃不飽。

由於朝韓之戰，美國開始派第七艦隊防衛台灣，不僅如此，美國還向台灣方面提出建議，把台灣軍隊的薪餉由美國負責發放。唯一的條件是，台灣軍隊各階層的副領導，須由美國軍方擔任。

蔣公（介石）爲了這件事，特別召開了一個重要會議，參加的人，當然都是官方重要單位的主管，還有從大陸過來的部分立法委員代表。

當蔣公說明美方所提的建議時，座中人各個心中大喜，總算有望改善生活了。但蔣公接著又說，此事萬不可行，如果讓外人參與軍權，自己就無法做主了，只得變成他人的附庸。

座中人眾聽到這個決定，心中當然大大的不快，只是敢怒而不敢言。於是，有一個人開始輕輕用雙腳跺地，接著有人跟進，也參加了跺腳，再接著，一個一個陸續都加入了跺腳行列，以致滿堂都是跺腳的聲音。因爲那時是威權時代，沒有人敢提反對意見，只好跺腳以示不滿。

蔣公沒辦法，只能接著再說，大意是不能爲了錢，而把外國軍人引進自家的隊伍中來，以後只能作人家的馬前卒了，不但失掉國格，將來可能亡國滅族。再說我們與大陸共產黨，都是炎黃子孫，兄弟相爭是自家的事，不可投入外人懷抱……

聽說朝韓戰爭時，韓國軍隊是接受美方付薪資的，現在如何，不得而知。至於美韓的關係，大家一定都心知肚明了。古話說：拿人錢財，爲人消災，只得聽人指揮了。

拒絕美方發薪水之事，是我在辦公室聽美國人說的；蔣公在會中所說的話，是由老立委們傳出來的。

蔣公是王陽明學說的忠實信徒，到台灣後，把他居住的地方「草山」改名爲陽明山，就是這個原因。

古人說：「上有所好，下必甚焉」，領導人喜歡什麼，下面也會跟著學。所以軍中才有多次邀請南老師去講演之事。現在台北市長郝龍斌的父親郝伯村，在擔任參謀總長的時候，也帶領在職的將官們定期集會，研究討論中國傳統文化，所以傳統文化早已在軍中扎根了。

又如邀請南老師去講《論語》和《孟子》的「青年戰士報」，就是軍中的報刊。今天這些書能夠大量流通，說起來，追根溯源，也與蔣公的重視和提倡有一點關係。

二十八、台灣的反美事件

昨天在吃晚飯的時候，忽聽屋外有奇怪的響聲，一個年輕的客人立刻跑到窗口，掀起窗簾的一角向外看。

這個舉動使我想起一個英文字句 Peeping Tom，意思是偷窺的人。想到這個英文辭句，立刻又想到多年前與這個字有關的一件事。

記得大約是五〇年代中期，有一個在台的美國軍人槍殺了一個台灣人，被殺的這個人名叫劉自然。

這個槍殺事件引起了軒然大波，後來竟演變成聚眾砸毀美國駐台大使館事件。

槍殺是晚上發生的，第二天已見報載，行凶的美國人自首，被在台灣的美軍帶到辦公室問話，也就是我工作的那個辦公室。

兇手說：發現一個 Peeping Tom，在窗外偷窺他妻子洗澡，所以就開槍把這個人打死了，這個人就是劉自然。

依照美國的法律，未得許可進入別人的住所，主人有權對他開槍，因爲闖入的人，可能意圖行凶，所以主人爲了自衛可以開槍。

問題是，劉自然已死，他如何進入美國人家中死無對證，他也極可能是被邀請進去的。

後來台灣方面調查發現，這二人本來熟稔，有交往，據劉的妻子說，劉自然是應邀去談事情的。

這件事也有一些旁證，據說眞相是二人合夥賺錢。當時美軍在台灣有福利社，美國貨又好又便宜，但是美軍福利社（PX）只許美國軍人買給自己用，不許轉賣，也不許替別人買。

事實上很多美國人常會幫台灣同事或朋友買一些小東西。不過，也有人爲了賺外快，經過中間人出賣冷氣機、洗衣機等。據說替美國人賣東西的中間商很多，劉自然就是這種商人。

據說這二人由於分財問題起了爭執，結果以殺人告終。被殺者的妻子心有不甘，天天坐在美國大使館門前哭，引來同情民眾越聚越多；而就在此時，美國軍方將兇手急速送回了美國。於是惹惱了台灣，一大群人稀哩嘩啦衝進美國大使館又打又砸，幸虧沒有傷人。

第二天，美國報紙的頭條寫道：「台灣咬了餵它的手」，大意是說，美國餵養台灣，反被台灣咬了一口。

也有一些人說，這話是把台灣形容成美國養的狗。

後來，美國人認爲，搗毀美使館是台灣官方的授意和支持，因爲那時是威權時代，老百姓絕對不敢聚眾打鬧外國使館，民進黨也是二十年後才成立的。所以，美國人的猜想有道理，因爲中國人也不是那麼忍氣吞聲的。

如果琉球人知道台灣人曾搗毀過美國大使館，恐怕在駐琉球美軍多次強暴當地女子後，琉球人也想去搗毀美使館吧！可惜他們的政府不支持。

古人說：人貴自立啊！

二十九、儒和佛

由於前些日子說到準提法的事，今天有朋友從美國打電話來，也談到這件事。這使我想到南老師去年所說的一番話。

去年有一天，在整理老師《瑜伽師地論》的講稿時，我發覺一個修法的問題，老師當時講解的比較簡單，令人不能清楚明瞭，於是就問老師。

老師解釋完之後，又很慎重的說，其實不學佛照樣可以悟道，只要能認眞學通並實踐儒家的學說即可。老師說，他從小讀四書，當時的理解是我們文化的傳統理解；直到抗戰時在四川學禪宗悟道後，回頭再看四書五經，才發現與佛法並沒有差別。只不過，中華傳統文化的經典，比較簡單扼要，佛法禪宗等，方法較多較詳細罷了。

老師這一番話，是在辦公室講的，大家都聽到了；其實這話在很多場合，老師也提到過，只是大家都當耳邊風。因爲我們個個都想成仙成佛，所以喜歡學佛學道，希望快速成功，超人一等，神通全能……

所以老師常說，學佛的人，有些人的那種熱切的心態，就是貪瞋癡的充分表現，恨不得點石成金，不肯腳踏實地去用功，聽到法門就要學。雖然學了許多法門，卻沒有專心修任何一個，連作人的基本都還沒有完備。

記得有位活佛到台灣弘法時，參加灌頂的人有十萬之眾，都是重覆參加的，只要有灌頂就去參加。雖然那位活佛再三說，灌頂一次就行了，不必再參加，可是信眾每次都還是要來，要再接受灌頂。反正灌頂越多越好，好像只要灌頂多了，就可以成佛似的。

老師曾多次講過，如果一個國家的人都去學佛修道，這個國家必定滅亡。不過老師也講過，沒有幾個人是眞正學佛修道的，多數都是鬧著玩的，否則，爲什麼學佛的人眾之中，那麼多不信因果，貪得無厭，因利忘義的人呢！

眞巧，剛寫到這裡，聽見李宗盛在電視上正唱〈凡人歌〉中那句：「道義放兩旁，把利字擺中間。」搞了半天，我們仍是凡人啊。

記得前幾年有一位女士，因丈夫的行爲不良，寫信質問老師說：「我先生跟您學佛多年，怎麼會做出這種事呢？」老師的回答也很妙，老師說：「誰跟我學佛啊？都是來吃飯照相的。」

沒見過老師的人，看了這句話應該心安了吧！至少你不是來吃飯照相的，你還可能是個眞正的佛弟子呢。

所以，在老師的著作中，《論語別裁》這本書，是老師第一重視的，因爲內容是講作人修養的根本。如果全體國民都中規中矩，既正派又有德，也就不會有人做有害健康的食品了，連豬啊，雞啊，也都不會吃抗生素，又被打激素的針了。

再說修法吧！佛說了八萬四千法門，只是針對根性不同的眾生；老師說，在釋迦佛教導的法門中，有兩個最爲重要，一個是安般呼吸法門，一個是白骨觀。但是，現在修這兩個法門的人似乎不多，反而以準提法最爲熱門。大概以爲可以快速成就。反正現在一切流行快速，速食麵、麥當勞、速食雞……這句話是我的感想，不是老師說的。

再說，不管什麼法門，自己選好去修就是了，誰對誰錯以自己修行成果爲實，因爲只有上師才能判斷對錯。況且，佛有佛眷，魔有魔眷，每人都有自己有緣的同伴隨眾，所以因果各自承擔。

一個真正有修有證的大師，是有資格評論的，評論那許多人所教的，是否爲正法，教導的是否正確。連大唐國內都無師，現在有沒有就不知道了。

不過，作爲一個修行人，選擇自認爲正的路就好了，自己努力吧，何必浪費時間在人我是非之中呢？老師不是常常這樣告誡我們嗎！

三十、二月初六

三月十七日，上海恒南書院舉辦了一個「身心性命研討會」，邀請了四位專家前來專題演講，第一位是南方科技大學的朱清時校長。

由於朱校長曾於元月廿日，在廟港的「江村市隱」處，講過有關「量子意識」的問題，文化界反應頗爲熱烈，此次由這個問題，再講到現代科學與佛學的匯合之處。

朱校長以一個科學家的立場，多年來以科學精神探研佛學的深義，有見解，有發現，也有突破。這是南老師對他的評語。所以幾年前老師就鼓勵他，專注於科學與佛學的相通、相合、相融會的研究，那將是對人類文化進展的大貢獻。

這次朱校長所講的內容，頗爲深入，又因爲舉例說明較多，容易了解。

這也是佛陀以及各宗教教主的教化方式，因為眾生根器平凡的較多，只好舉例說明。

修行人不是要修禪定嗎？朱校長講量子意識時說到，在禪定狀態中，人的認知狀態就提高了。這就像是儒家所謂的「寧靜致遠」。

我覺得，這也就是佛家所說的「定能生慧」吧！

總之，這次朱校長所講的道理和科學實驗結果，對學佛的修行者，有很多的啓示。

第二個講演的人是宗性法師，題目是「唯識佛法與因果」。記得從前南老師一說到要研究唯識，我都會有點頭昏的感覺，因為唯識學太嚴肅，太邏輯；要很用力，很專心的去聽，去了解才行。所以我建議先講唯識入門吧，減低一些「難懂」的壓力再說。

不過，法師講到因果，用圖解說明，使人能了解得深入又擴大，確實淺顯明瞭易懂，尤以兩句話為修學者之警惕：「起心動念皆因果，轉變心性是修持。」

下午林德深醫師的講題是「遺傳學與佛法」。林醫師是遺傳學專家，現爲世界遺傳學會聯盟主席，香港中文大學醫學院的名譽教授。多年前他來大學堂從老師研習佛法，爲了在他的專業領域中拓展研究。他學習認眞，經常有修學報告給老師，聽老師說，他是有心得的。

去年九月廿八日，他與夫人李丹醫師，從香港來到太湖大學堂，對南師做了檢驗，確認已逝（約二日），故而決定卅日火化。由於二位醫師的解說，大家才明瞭，醫學界對死亡的認定，也是不斷的在修正，無形中，對生命的生與死，逐漸走進了佛學的範疇。

此次林醫師所講，包含了入胎及死亡，照片中顯示的女子因癌症去世，但是她的癌細胞，目前仍然存活。

第四位是台灣的書法大家杜忠誥教授，題目是「書藝中的生命意味」。當時的杜老師在上大學時代已與南師結緣，是由於《論語別裁》這本書。當時的杜同學由於對這本書十分欣賞，向同學大力推銷，中文系三百人，賣了三百零一套。

南老師向當時的這個杜同學送錢致謝，他堅決不收，最後只收了老師送他的一本書，好像是有關書法的，老師並鼓勵他走書法這條路。這已是三十多年前的事了。

杜老師講書藝確實有活躍的生命意味，幽默風趣，滿堂笑聲不斷，聽眾能從另外角度，了解書藝，學習書藝，愛好書藝。

此次的研討會，上午九時開始，至下午五時半結束，中午書院招待便餐，參加者有二百八十餘人，其中醫師有三十多人。

書院主持人李慈雄博士，在開始介紹致辭時，提到當日是南師的冥誕，所以南師的兒孫數人，也來參加了。

前一日（三月十六），大學堂附屬的國際實驗學校，也以植樹爲紀念活動。參加的學生家長很多，也有二百餘眾。

· 朱清時校長

· 宗性法師

· 杜忠誥教授

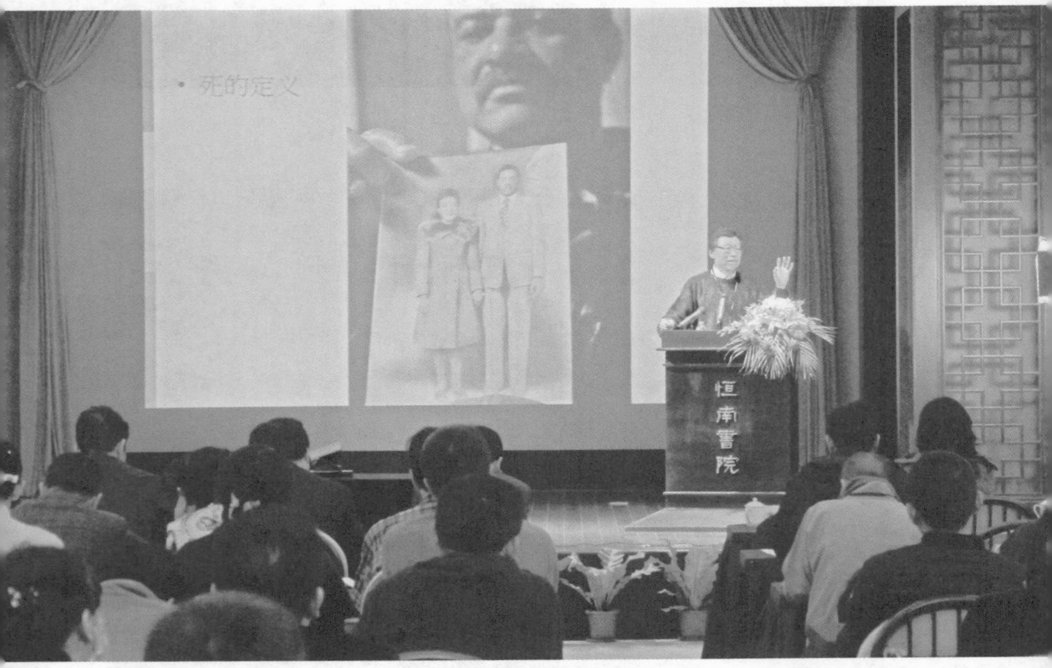

· 林德深醫師

·左一李慈泉、左二李慈雄、左三杜忠誥、中間朱清時夫婦、
右一趙樂強、右二李丹、右三林德深

三十一、與老師的文字因緣

有客來訪，談來談去，談到我與南老師的文字因緣。這是一個很有意思的問題，激起了我的回憶，現在說給大家聽一聽吧。

其實，我在一九九九年出版的《禪門內外——南懷瑾先生側記》一書中，已有不少的記述，兩年後曾出版過這本書的簡體字版，因爲內容有些不對，就停了。現在又重新印行，不久即可出版了（已在二〇一三年由東方出版社出版）。

一九六九年的十月，我初識南老師，那是在台北師範大學聽他講「佛學概論」時。隨即參加了次年老師主辦的禪學班。可能與老師有文字緣吧，當年（一九七〇）年底，有一天，老師就對我說了一番話，是有關文章、文字的問題。

老師的意思是說：文章乃千古事，諸如諸子百家，歷史傳承，以及一切文化思想，都是經由文字而流傳，中華民族的悠久文化，也是因此而得以被世人認同。所以老師說要辦雜誌，定名爲「人文世界」，以傳播文化，推廣教化，並且要我參與，出點力。

於是我就約了外甥女瓊瑤和「皇冠」雜誌的負責人平鑫濤與老師餐敘，平老闆熱情答允代爲發行，「人文世界」月刊就在一九七一年四月出版了創刊號，定價台幣八元。

老師每期寫三篇重要的文章，其餘的陪襯文章，除我之外，還有朱文光、周勳男、林曦、徐進夫、杭紀東、徐立功、孫毓芹、李淑君等很多人參與撰寫。老師的兒女南一鵬和南聖茵，也寫過小文參加……

當時我們大家追隨老師，不但不要稿酬，反而另有出錢出力者，大家共襄盛舉。

「人文世界」共辦了三年，由於海內外來學來訪的人太多，老師太忙，無時間寫文章了。到了一九七五年，因爲當時老師的書籍只有幾本，而重要的《禪海蠡測》又是古文形態，老師就囑我翻譯成白話。

這已經是三十多年前的事了，早已忘得一乾二淨，是陳君在老師追悼會上提及，我才急忙找出手寫舊稿，不久將會出版，因爲老師在一九七七年閉關時，已全部審訂過了。

老古出版社的成立，是在一九七七年，因老師要閉關，當時是古國治把一個二十多坪的房子向銀行抵押貸款，承擔了負債，老師才能去閉關。兩年後古國治結婚時，老師給了他一個十幾坪的房子。

多年來，我遵守的，只是文字方面老師的交代和囑託；與老師的任何組織、財務、人事，都沒有關係，因爲能力有限，又不喜歡麻煩的原故。甚至老師辦的「東西精華協會」，我也沒有參加，所以我從未受薪，我只是支持老師從事的文化努力，所以我對老師只是一個義工，一個永遠的義工。

整理老師講課記錄的，有不少同學，古國治整理了《圓覺經略說》和《藥師經的濟世觀》，閆修篆整理了《易經繫傳別講》，蔡策整理的有《易經雜說》……我整理的比較多，聽說有二十多部。

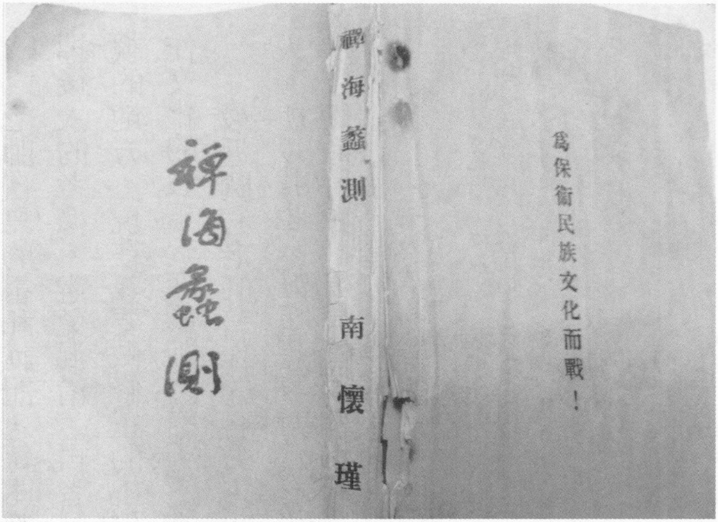

· 1955 年 8 月最初版《禪海蠡測》

· 201303（左）閆修篆（中）作者（右）古國治

老師自寫的書和講記，每本都有背景故事，我會陸續的加以說明，以省掉後人的考據，避免混淆。再者，老師的書，不論繁體或簡體，也有不少錯誤的地方，現在我要做修正的工作，希望曾參與的老同學們能共同努力，再作文化的義工，作老師的義工，來完成老師的心願。

最近關心老師著作的各方人士很多，也有律師方面的人，及素不相識的人。所以我也只好全程錄音，以免他人斷章取義。這也是跟老師學的。

三十二、接班人

說起南老師辦的禪學班，不免想到達摩祖師。這個印度禪宗的廿八代祖師，到中國來傳揚禪宗，開了花，結了果，在中國發揚廣大了。

源起於印度的禪宗，爲什麼種子種到中國的土地上，就花繁葉茂，香氣吹向全世界呢？因爲中國有深厚的傳統文化。諸子百家的泥土，孔孟老莊的泉水，加上詩詞歌賦的滋養，成就了禪宗，再傳到日本、歐美……禪是中國文化，這是世界所公認的。

一九七〇年南老師主持的禪學班，學員只有二十多人，小部分是禪宗的門外漢，當然包括我在內。

老師講到禪宗，講到禪，太神奇，太美妙，太震撼心靈了。令人似醉如癡，那是沒有言語可以形容的，怪不得佛說：「我法妙難思。」

可是老師卻說：「我如果講禪，門前草深三尺」，又說：「我的禪如大海水，某人只拿一個茶匙來舀」。因爲老師在禪學班所講的，多半是介紹「禪宗」。而所謂的「禪」，只是偶然乍現的靈光點點。這是我的了解。

達摩祖師預言了禪宗在中國的前途，「一花開五葉，結果自然成」。禪宗後來發展爲五個宗派，花開了自然結果，春色滿園。

達摩對幾個弟子們的努力，各有評論，有人得其皮，有人得其肉，有人得其骨，有人得其髓。神光是得其髓的人，所以自然就成爲禪宗的二祖了。其他的弟子們呢？猜想也會各自繼續努力下去吧！

再看老師的身後，有傳人嗎？沒聽說。老師周圍前前後後的一批一批的學生們，不論長期的，短期的，有人學佛，有人學道，有人學醫，學《易經》的，學詩詞的，各種人都有。也有人是吃飯照相的，當然，這不算學生，而是名人效應。

不過，也有人是投資心態，也有人是迷信老師可以救他……形形色色，大千世界的妖魔鬼怪眞來了不少，好不熱鬧。至於說誰得了皮，誰得了肉，得了骨或髓，只好等著瞧了。

所以老師謝世後，我就公開說，太湖大學堂已成一個歷史名辭，或者是一個地方名稱，那裡還有老師創辦的國際實驗學校。因為南老師的學術思想，道德修養和成就，太大太廣，誰有能力繼承？誰有資格接班？

美國蘋果公司的喬布斯，在去世前就告訴自己所選的繼任者庫克（Cook），叫他作自己（美國時代週刊今年第一期有詳細報導）。因為沒有人可以替代任何人。

庫克接手蘋果公司後，經營得很好，更賺錢。但是，我覺得，他的理想是公司賺錢，而喬布斯的理想是創新，是改變。這幾天，新聞卻不斷在報導「蘋果」手機的售後服務糾紛，令人慨嘆。

世上林林總總的人們，多數人的努力是為金錢；少數是為理想。而我們的南老師，一生的奮鬥是為理想，為眾生。當然，與老師有緣的人們，也是一樣，有的是為理想，有的是為金錢。

不過，話又說回來了，跟隨老師學習的人，不論是學生也好，投資也好，名人效應也好，至少學了一點老師的爲人處世吧？如果能謙心努力向上（不是向錢），早晚可以證明，你得的不只是皮，而是有點肉，或帶點骨的。

所以古人說：「兄弟登山，各自努力」，老師這棵大樹倒了，在老樹庇蔭下的小苗、小樹，各自努力吧！不要辜負了老師的教化和希望啊。

三十三、文化和文字（一）

說到修正南師講記的書籍，古國治老同學已經加入修訂的工作，並且從他整理的兩本書開始了。

爲什麼連老古的書都需要修訂呢？最根本的原因是，在老師帶領同學們奮鬥的過程中，專業人少，多數是業餘熱情效力老師的，連最重要的校對工作，都沒有專人負責，因爲沒有錢，請不起。

就拿「人文世界」來說吧，那是四十二年前（一九七一）的事了。雜誌只賣八元一本，可是統一公司的林蒼生先生立刻送來四萬元贊助。這四萬元可以印一萬本了，而我們只印了兩千本。好在無人要稿酬（老師也不要），靠這筆款項才得以繼續出版。林先生後來對老師的文化事業捐助不斷，前幾年看到林懷民的一篇文章，才知道林蒼生早年還是一個文藝青年呢。

五年後（一九七六）古國治奉老師之命成立了老古出版社，當時只有他和李淑君二人，另有三兩個同學，都是外行的年輕人抽空來幫忙，大家都沒有薪水。

又過兩年多（一九七九），古國治結婚了，要找工作賺錢養家，才離開老古，投入職場。此時老師也結束閉關，開始管理老古，又辦了十方書院，在這段時間內，老師曾請過一個專業校對。

老師在六年後（一九八五）赴美，老古公司由陳世志負責，直到一九八八年才離開。在他負責的三年之中，出版了很多書，老古轉虧爲盈，是他的功勞。但是有些書，不免有欠缺嚴謹之處，需要仔細訂正。舉例來說，《易經雜說》這本書，原是蔡策整理的，在陳世志離開前匆忙印行，後來只得煩請易學專家閆修篆老友義務幫忙，仔細訂正修改有五六次之多，才在意義方面減少差錯。

再說老師的課程，包羅學問實在太廣，有時必須專業知識才能校對，這也是困難之處，不是文字好就能整理講記的。我整理老師不少講記，常常遇到有費解之處，需再三考量，以免錯解。

· 人文世界 1972 年合訂本第一卷

· 人文世界 1996 年單行本第一卷第一期

所以，我所整理的老師的書，都是經過老師過目的。有一次老師說：「不必看了，你怎麼對自己沒有信心啊？」意思是說，我寫的沒有問題。我回答老師說：「不是沒信心，是不願負責。」我心裡想，老師看過後，如仍有錯誤，那就不是我的問題了。

其實，我是沒有信心的，因爲學養不夠，有時很難確定老師講的眞正涵意所在。因爲一篇文章，除了字句外，還有字裡行間的深意；如果是整理講話錄音，那就更加麻煩了，常會把意思弄反。

現在有許多人很有自信，又熱心想與大眾分享，就把錄音整理成文字公諸於世，卻不知道大家正在替他捏把冷汗呢。

還沒有說完，下次再說吧。

三十四、文化和文字（二）

上次說到整理老師的講記常有錯誤，在早期最重要的一個原因就是，我們這些糊塗學生，都認爲老師講的絕對不會錯，所以沒有去查核資料。其實，由於老師腦海中的資料太多，太複雜了，免不了時有張冠李戴，人事倒置，以及口誤的情況發生。又因爲大家都是義工，沒有專業訓練的背景，自然會產生誤差。

最可笑的事就是，現在網路上查資料，有些竟然是出自南懷瑾的書，而偏偏就是老師的口誤。

老師講課時常引用古人的話和詩詞，又因爲老師對於作詩是優等之中之優，所以也常將古人的詩改一兩個字，認爲比較貼切，所以就變成引用錯誤了。

其實古詩詞的流傳，常有不同版本，費大勁考據出來的，也只能說大概不錯罷了。

大約一兩年前，老師看到一篇文章，其中有一句「助紂為虐」的話。老師立刻說：「不是助桀為虐嗎？什麼時候變成『助紂為虐』了啊？我小時候唸的書都是『助桀為虐』啊。」

我當時就回答老師說：「我小時候唸的可是『助紂為虐』。」

其實夏桀與商紂王都是暴虐的人，不管是助桀或助紂，都是一樣暴虐，意思都一樣嘛！大家習慣不同，言辭有別而已。所以看老師的書，能注重涵義才是重要的。

關於老師書的問題，到了二〇〇五年開始，就大大的改進了。具體的說，是從《莊子諵譁》這本書開始的。

二〇〇五年，我秉承老師的意旨，到了廟港，開始整理老師講的《莊子》。從二〇〇五年，直到二〇一二年老師辭世，這七年間，總算把老師所講重要的典籍都完成了整理，大多數已出版。

在這個時期，得力於不少同修同學的助力，才能減少錯誤，完成工作，所以天下許多事不是一個人可以做成的。又因爲講記中的許多不確定問題，隨時可以得到老師的解答和教導，工作才得以順利進行。新書在大陸的簡體字版，起先在上海人民出版社出版，後來改在北京東方出版社陸續出版，都是老師選定的。

九〇年代初期，老師在香港看到「十方」雜誌有關「唯識」方面的文章後，特別打電話給我，老師說，不可以整理他所講的唯識。

老師爲什麼這麼說呢？當時我也有點納悶；我猜想，唯識學是一個很嚴重又重要的學問，老師在對大眾講這個課時，大概是方便說法爲主，所以，總說是唯識研究，不是講解。這就更說明老師對文字，對學術的愼重和嚴謹了，哪像現在的人那樣自信，那樣自滿。老師常常告誡大家，小心！不要以好心得惡果。因此，我始終沒有整理老師講的唯識，當然主要原因是能力不夠，更重要的是，老師沒有許可將他的錄音變成文字，所以我才會聽到唯識就頭昏。

三十五、文化和文字（三）

說到唯識的問題，以我的淺顯了解和個人的想法，老師注重的是對佛法修證方面的印證；因爲老師一生是專注在修，在證，在教化。

老師所教的修法，可不只是理論的，而是他自己先做過實驗，是閉關專修過的，所以是過來人，才能教人，才能對人指導修法。

同時老師的教化，並不只局限於佛法，而是包羅許多許多，都是互通互補的。很多人說老師不是學者，這話也對，因爲學者是講學理的，講理論的，講得頭頭是道，但是能否實踐，能否活用學理，就不一定了。

但老師是重視實踐的，學問再好不能應用也是白說，就像有人說得一手好菜，卻不會做，那有啥用？古人說：「說食不飽」，會說不會做，沒用！

但是，唯識名相太多，不先知道是不行的，可是容易陷入名相之中轉來轉去，最後變成一個唯識學者，反而偏離了修行。所以，一般研究唯識的，多半成爲學者。倒是有些出家人反而會與修持配合研究。

熊十力是有名的學者，早年梁漱溟請他到北京大學講唯識，他卻講他（熊）自己的《新唯識論》。梁漱溟可不只是一個學者，當然就對熊不客氣的指責了。

梁先生二十歲前原是一個學佛的人，本來想出家的，但考慮到多方面，才決定不走出家之路。所以他對唯識的了解，並不只是學者論點。

有一個居士對南陽慧忠禪師說，想要寫文章解釋佛經。禪師即命人端來一碗水，內放七粒米，碗上放一雙筷子，並問居士，這是什麼意思。居士說不懂。

禪師即說，你連我的意思都不懂，你還能懂佛的意思嗎？

熊十力這個著名的唯識學者，他的心得著作《新唯識論》，引起了太多的爭論，因爲他是學者，所以他的了解與論點，與實際的佛法修證，定有偏差，也因爲文字無法具體表達修證的確切含意之故。

也就是這個原因，南師不願將他講的唯識整理成書文，因爲聽和看對人產生的效果是很不同的。所以方便講解和淺顯說明如果成爲文字流傳，會產生偏差甚至誤解。至少這樣做違背了老師的意願。

老師也曾說過，要重新講唯識，那是三、四年前，老師在餐桌上對張尙德老師說，「我不久要講唯識，到時候你來聽吧。」可是在老師最後的三年，領導大家研讀唯識時，卻用了《王肯堂成唯識論證義》這本書。

南師看過很多古來講解唯識的著作，認爲王肯堂所講解的比較好，也說明王是個講求修證的人，所以悟解與學者就是不同。

王肯堂是明朝人，進士出身，更是一個著名的醫生。許多醫生都接近佛法或道家，醫屬於生命科學，唯識也好，佛法也好，醫學也好，都是對生命和生命的一切活動有關的，所以這些研究，就列入了生命科學的範圍了。

三十六、三個醫家

說到王肯堂就值得人深思了，爲什麼他這個中醫師，又是唯識方面有研究的人呢？因爲他有深厚的文化根底，中了進士就是證明。

中華文化博大精深，南老師常說，禪宗的大師，多數都是深通孔孟老莊學養的人，所以得以徹悟佛法；換言之，他們已經先完成了佛法五乘道的第一步——人乘，當然就容易進步向上了。

我常常想，南師也因爲早年熟諳諸子百家，才能在青年時代於禪得悟，而袁師煥老的儒學，也是不同一般的。這也就是南老師所說的，通達了四書五經，一樣可以悟道。

話說回來，王肯堂由於儒學道學的基礎，再入醫學當然就容易成功。而醫學正是與生命有關的學科，唯識不就是分析解釋與生命有關的種種嗎？這

· 徐靈胎先生墓

是一連串的關聯，所以王肯堂所了解的唯識，應該說不是紙上談兵，應該不只是文字唯識吧。當然，這些只是我個人的淺見而已。

由這些問題，使我想到另一個了不起的清朝大名醫徐靈胎。此人就是吳江地區人士，墓園離我們廟港不遠，不久前還有友人專門去探訪過。

爲什麼說徐靈胎了不起呢？因爲他是自學成功的醫家，爲什麼他自學可以成功呢？因爲他的學問是先由《易經》開始的。

《易經》是中華文化經中之經，群經之首，先通達了易學，再研究任何學術，就像以開闊的眼界，去探視微小物件一樣，當然比較容易，不會落入局限，而能出入自在無滯，更能別具慧眼。徐靈胎不但醫學醫術頂尖，他還是音樂家，水利專家，好像是一通百通。

說到這裡，又想到一個命學大家袁樹珊，在六〇年代我曾拜訪過他，請教過他，因爲當時我對陰陽五行的研究有興趣。

袁樹珊可不是坊間的術士，他是讀書人，學醫學的。他本來苦讀要考科舉，因爲醫書中的陰陽五行，使他自然通達了所謂的命理。又因偶然一試而奇中，於是各方多金來求者雲集，結果反而走上這條路。但他也有醫方面的著作，記得的有《養生三要》。

三十七、說陰陽五行（一）

說到陰陽五行，太神祕，太有意思了。三十五歲前的我是不信的，認爲那是封建迷信。五〇年代中後期，因爲辦公室的一個同事，常常向我遊說命理如何如何，於是我就買了一本命理的書，每天睡覺前翻閱，當時等於是催眠書，看了幾行都看不懂，就睡著了。

有一晚，忽然看懂了一點，精神來了，也睡不著了，從此就樂此不疲，每有閒暇，就以此爲消遣來研究了。

我們人，對於命運這件事很好奇，所以不斷的研究。坊間專家很多，派別也多，各有巧妙。其實外國也一樣，一言以蔽之，凡是人都對所謂的命運，產生好奇，也不了解，當然我那時也是這種心理。

一個人一旦對某件事產生興趣，很自然的就會多看有關的書，多參訪這方面有成就的人；最重要的是，對自己的研判，要作追蹤。

一九六五年之後，自己不必固定上班了，多餘的時間都花在看醫書和研究陰陽五行方面。所謂的追蹤調查，多屬親友方面，因爲算命都是從熟人開始的。這純屬個人業餘興趣。後來又發覺五行與中醫息息相關，所以對中醫的醫理也有了興趣。

但是在這些研究學習中，常常感到一種不可思議，又不可解的困擾，直到隨學南老師之後一段時間，才明白其中的原因和道理。

所以，不久前我曾說，在認識南老師之前，有關陰陽五行我始終停留在「術」的階段；隨學南師之後，才突破了術的局限。

我所謂的「術」，是局限在一個框架中，這個框架就是把它認爲是絕對準確的，如果不準確，是你沒有算對！

問題來了，我既然根據五行的生尅制化來推斷，爲什麼有時對，有時又不大對呢？

這就牽扯到唯識學了，是唯識所說的異熟果，因時間、地點、環境、因緣而產生了變化，所以不是絕對的。

有一個高人曾說過，算命算到百分百的準，也只是對了百分之七十；另有百分之三十不準，不知道爲什麼，就是不準。

說這話的人，已經不簡單了，至少知道有一部分是不可能全準確的，八字五行所代表的，是以前生生世世的業，造成今生的你自己。可是以前的業因，在果呈現時，是受到各種因緣而變化的。

其實，這大概就是《易經》所謂變易的道理，天下事沒有不變的。人心更是常變，多變，有時變好，有時變壞，如能走一條正路不變，已經難能可貴了，雖然這個不變也是在生命的有限時間之中，而這個變，自己的力量最大。

我說了一大堆，只是個人的感想，說一說解解悶罷了，請大家不必當眞。

三十八、說陰陽五行（二）

一說到陰陽五行，就關係到許多話題，從前南老師常要我開課教大家，那時是在十方書院，出家同學多。老師說，出家人有一技之長，必要時以命理掛牌謀生，不必靠人布施。另一個因是，古來讀書人要懂三理，就是醫理、命理、地理（看風水），這與對父母的孝道也有關係。

其實我們的日常生活與陰陽五行都有關係，比如說吧，一年這二十四個節氣，立春、驚蟄、清明、立夏……大家都認爲是陰曆，事實上是根據太陽運行而計算的，應該算是陽曆。所謂的干支陰陽，也是根據宇宙天地運行法則來表達的。

話說遠了，回來說眼前的事吧！只要說教大家學五行命理，立刻會坐滿一屋子人。但認眞的人不多，因爲不用心不行，沒興趣不行，不下功夫也不行。

我這樣說不是給人洩氣，更不是鼓勵，但這個是自學可得的一門學術。從前聽人說過，秦始皇焚書坑儒，為什麼不焚這些陰陽五行之類的書呢？有人認為這是入道之門，所以得以保留。

不管什麼說法，反正命理之說是與因緣果報有關係的，只要稍加涉獵就會發現，古人早已說過了。

舉例來說，古話有「捨財免災」的說法，在倒楣時，賠錢還算是比較幸運的，總比害病或其他災禍好吧！錢是身外之物啊！這不就是異熟果報嗎？不好的果報會變輕些的。所以你賠了錢不要難過，也是消業啊。

我常勸人不要算命，因為命好要努力，命不好也要努力。有人運氣好，就張牙舞爪，自鳴得意，反而造了惡業。如果人在不幸時，能夠不怨天尤人，再深自反省，自然會平安度過難關。

《易經》的道理，陰極則陽生，陽極則陰生，一個人不可能永遠走好運，也不可能永遠走壞運。要知道「居高思危」的道理，在得意時更要謙虛慈悲，才不會摔跟斗。這不就是修行嗎？不一定是打坐啊！

什麼叫修行？南老師常說，修行是修正自己的行爲，打坐是修定，修習定力。自己的行爲，心理，常有錯誤而不自知，所以要反省，要改過向善，當然就從陰變陽，去惡而向善了。那樣命運就改了，變得比原來好，這也就是那百分之三十算不準的部分，變好變壞是由你自己的心所操縱的，所以你的命運八字是你自己所造的，不要怪老天爺不公平。

三十九、說陰陽五行（三）

古人說，「君子問凶不問吉」，意思是說，一個有修養的人，自己運氣好，命好，並不執著，也無所謂；但是要注意運氣不好的時候，那時就要韜光養晦，不能去積極從事操作了，以免失敗。

有人在運氣不佳的時候，隱居讀書思過，自我修養身心，也就是先賢所說的，「不知命無以爲君子」。孔子不是說過嗎？「五十而知天命」。

孔子所說的這個天命，並非只指人的命運，而是包括宇宙萬有的一切法則，人的命運只是其中小部分的因果法則（這是我個人淺見）。

反正，古聖先賢的意思，以我淺薄的見解，大概是說，一個正人君子，要知所進退，要知道順應天意，不可背逆天道，做出人神共憤的事。像損人利己啦，損人不利己啦，等等，恐怕都非君子所當做的事。

不過，世上的君子太少，小人太多，而最多的是普通人。雖然君子是人，小人也是人，而佛法的五乘道第一步人乘，是自己先作好一個人，這個人可不是小人，而是君子。應該說，是從一個小人或普通人，修行改變自己成爲一個君子，可能那樣才算接近完成了「人乘」道。

如此說來，我們對自己的五行生辰八字，當然可以學習了解，但不必執著。一個人走正路，行得正，不做虧心事，自然也就不怕鬼叫門了。這時平安自在，不管窮或富，都能樂善好施，社會也就和諧了。

好像我說到這裡，說的都是空話，屬於老生常談，有點兒可笑又無聊。不過又想到有一次，南師看到一個同學做事很有問題，竟然閉口不言。過後我不免問老師：「你爲什麼不糾正他呢?」老師卻說：「唉！你不懂！我說也沒用，因爲這些人的業報如此，如果只是習氣，別人勸一勸可能有點用；如果是果報，那就很麻煩了，不是口頭教化能使他明白的，要他遭到大的挫折打擊才可能悔改。」

老師這個話就很嚴重了，其實我至今仍不太明白果報與習氣的不同之處，可能是果報較嚴重，習氣是染污較淺吧！

可見連作人都難作好，難在事理不容易明白清楚。連人乘都難作到位，還想成佛嗎？更是難字上再加幾個難字了。

再說社會上的普通人吧，包括我在內，有時是君子，有時是小人，如果想改變命運，避凶趨吉，就要先弄清楚君子小人的區別了。

最傷腦筋的是，我們這些普通人，多數都認爲自己是君子呢。

四十、訪老友周夢蝶

回到台灣，除掉了白內障，急忙去訪老友詩人周夢蝶。他與我同年，早我半年出生，本來身體很強，但在元月跌了一跤，住院換髖骨，最近才算恢復。

我到他屋內時，他正躺在床上。照顧他的是個越南女孩子，名叫阿蝶（眞有緣），對他說：「周爺爺，你的老朋友來看你了。」他立刻坐起來，看到是我，很高興的說：「我可等到你回來了。」

老人與老友相見，那不是你們這些沒有老的人所能想像的，彼此的關心不是健康，不是兒女，更不是富貴名望……

我說：「你的氣色不錯啊，最近寫詩沒有？拿來我看！」

他說：「很久沒寫了，心情很蒼涼。」

我說：「不管什麼情況，要永遠保持愉快高興的心情啊，丟掉蒼涼，丟掉鬱悶，多看美好的一面呀！」

他笑了，我說：「我來接你到我家吃飯。」

他訝異的看著我說：「現在嗎？好啊！」於是趕緊換衣服，準備跟我走。可是照顧他的阿蝶是奉命要通知周夢公的監護人曾教授的，曾教授是研究周詩的學者，弟子比子女還熱忱負責，周詩人多幸運啊！

曾教授匆忙趕來，談到周的病況，以及不久前舉行的國際周詩學術講壇（不久應有專輯出版）等等。

當問到南師懷瑾先生仙去之事，周說，他已經聽說了，也聽說南老師是「自燃而死，是自己的三昧真火燒化自己的」。我連忙告訴他「不是」，可見社會上各隨己願的說法太多了。

大家閒談了一陣，已經過了將近兩小時，周詩人說：「感覺有點倦，不想跟你去了。」

這就是老人。我告訴他，過幾天聯絡到老朋友們，再來接你相聚吧。他連聲說：好！好！並問我找到南老師的外甥沒有，我說：「就是林曦啊，已通過電話了，待他從南部上來再邀你相聚。」

林曦的母親是溫州南氏的女兒，在《點燈的人》一書中，也收集有林曦一篇紀念南老師的文章。

四十一、十二年前的一天

記得是二〇〇一年的一天，杭紀東邀周夢蝶和我，中午在台北國際會議中心二樓凱薩餐廳聚會，與主人同來的還有陳小姐。

我們四人邊吃邊聊，不知怎麼的，話鋒轉到了禪七。我忽然想到，周、杭二位都是四十多年前參加過南師懷瑾先生主持的禪七，一定有些不平凡的經歷；因為在那個年代，參禪學佛的人，多是眞正誠心向道的人士，而且參加的人數不多，情況自然就不同了……。

周夢蝶立刻說了他的一段往事：

那次是在基隆十方大覺寺（估算是一九五五～一九六〇之間的某一年），參加的約有二十人左右。

禪七開始不久，南師說了一個話頭叫大家參：「無夢無想時主人公何在？」

又一天的上午，立法委員楊管北（也是復興航業公司董事長）首先說了他的答案；另有一位長者，也說了自己的心得。接著周夢蝶也說話了，那時他才三十多歲。南師聽了他的發言後，說：「古之再來人也！」

晚上小參時，南師評論了大家，給楊管北委員的答案九十二分，另一位是八十四分。南師不再說了。周夢蝶站起來問：「老師，我得多少分？」

豈知南師把兩眼一瞪，大聲喝道：「莫妄想！」

這一喝「莫妄想」，雷電般震撼著。周夢蝶對我們說：大大的受用。（我猜，後來他的那些激盪心神的詩，都可能是這一喝的回響吧！）

周夢蝶在敘述這段往事時，模仿著南師的口氣，大喝一聲，當時震動了餐廳中的中外客人們，紛紛轉頭向我們張望。

我太興奮了，立刻提議周夢蝶寫下來，這個故事多精彩啊……。

杭紀東連忙打岔道：「把這些公案都收錄起來，編成一部《續續指月錄》才好。於是大家更興奮了，又一同轉移到杭紀東家中（後來又有一位高君也來了，他也是參加那次禪七的），繼續討論如何推動這件工作，直到晚上九點多鐘才散。

可嘆的是，四五十年前的事了，許多人早已作古，有些人則散居海外，也有些人垂垂老矣，《續續指月錄》遂成夢幻泡影，好不洩氣！

四十二、台北街頭

很久沒回台灣了，這次在台灣大吃一驚。

那天我正走在台北忠孝東路的人行道上，當走到一個十字路口時，忽然一個中年婦人來到我面前，指著不遠處一個插著花的台子對我說：看你拿著拐杖，身體不好，快來浴佛吧。

原來是浴佛節快到了，一般講來，寺廟中都會慶祝這個節日，裝飾一個小小的花台，供著釋迦牟尼的塑像，框架上綴滿鮮花，十分美妙動人。參加禮拜的人，用小斗匙盛起水來，從佛的頭上淋下水，稱爲浴佛，慶祝佛的誕生。

南老師在時，國際實驗學校，也舉行浴佛禮，當然也慶祝耶穌聖誕節，也慶祝孔子誕辰，都是表達對聖人的尊重。

現在可好，台北居然有人把浴佛的花台，推到大馬路旁，滿街去招徠行人浴佛。天哪！這是怎麼回事？一個莊嚴肅穆的歡欣慶典，居然在街頭流蕩起來了！

普羅化，大眾化，日常化，當然無可厚非，我不反對，但是，尊嚴何在？必要這樣做嗎？

我是個沒修養的人，叫我在熙熙攘攘的大街上浴佛，心中大不自在，加之那人說話的語氣中，似有拄拐杖不幸，應多拜佛才是的意思。這可能是我小人之心度君子之腹吧，反正我沒有依她。

後來我又有點後悔，應該走近看一下，看她在浴佛台旁，是否擺了一個功德箱。

想到這裡，我覺得自己恐怕眞是一個小人，我極可能錯怪了佛門中的人，因爲我想這件事可能是騙子們搞的花樣，賺一點小財而已。現在利用宗教佛法騙人的太多了，眞假莫辨，眞叫做天曉得。

記得很久之前一個美國朋友告訴我，他有一次偶然機緣，隨一個天主教徒去參加聖誕節的午夜彌撒，在莊嚴環境聖樂聲中，雖非教徒，卻也覺得心情平靜喜悅，是以前所沒有的感受。

我聽他說過後，也曾去體驗過一次，那時我沒有任何宗教信仰，但午夜彌撒，的確令我也有心靈洗滌的感受。

在莊嚴肅穆的佛堂和梵唄聲中，也是一樣的感恩和心靈飛昇。到了孔廟，甚至到了關公像前，也會肅然起敬，都是由於自己謙敬的心。

這又使人想到「十一切入」，環境音聲……無孔不入，影響著自己的心。

四十三、是非成敗轉頭空

剛出版的《點燈的人》這本書，是南懷瑾先生紀念集，看到其中有一篇文章，提到張中行先生，說張老先生只看了南老師那本《論語別裁》這件事。大家可能不知道，張中行老先生所看的《論語別裁》，正是我送給他的。所以，引起了多年議論紛紛的罪魁禍首就是我。現在我就對大家說一說吧。

一九九〇年開始，我作爲南老師的代表，到大陸處理南師著作簡體字出版的事。一九九一年到北京，一個昔日老同學向我推介張中行先生所著《禪外說禪》這本書，問我可否在台灣印繁體字出版，並陪同我拜訪張老。記得是在北大校園內，當時我就送了張老《論語別裁》。

看完了張老的這本《禪外說禪》，我對張老回應說：這本書寫得很好，大多是講禪宗的公案，在台灣講公案已經講得很多了，如果張老這本書，在台銷路不理想，反而對不起張老；如果張老來日有其他著作，我們一定優先考量出版。

這個話是表面理由，眞實的原因是，張老這本書，我覺得對禪宗有否定的意味。張老是學者立場，無可厚非，但我的立場，不方便把這本書，拿到禪宗的南老師的出版社去印，這也算是我的苦衷吧。

張中行老先生是個名學者，他看了《論語別裁》，當然有他學者的看法和立場，對南老的這本書提出批評也是無可厚非的，南老師並不介意。所謂《論語別裁》也是個人個別對《論語》的看法啊！當然別人可以批評，各人有各自的領悟嘛！南老也常就事論事的評論宋明理學家們的學說啊！學術討論是好事，不涉人身攻擊就高尙，就是君子之爭。再說，南老師對他人對自己的評論，不論正面負面，向來不作回應，好像充耳不聞。

我沒有看過張老評論南著的任何一篇文章，因爲我自己對《論語》不專門，對學術又是外行，更加上沒有太多時間，所以就抱著「是非以不辨爲解脫」的態度了。

但是我堅信張中行老先生是個君子，是個學者；一個君子學者是會爲理想爲正義而發言的。

南老師也說他自己不是學者（他大概是個修行人吧），所以不涉入學者的爭論。老師也常告誡我們，要尊重別人，尤其要尊重別人的言論，大概是因爲人人有言論自由吧。老師更要我們原諒別人，因爲我們也常需要別人的原諒；要我們知道息事寧人，不要製造爭論不安，那才是作人的道理。

四十四、張中行先生的逝世新聞

天下的奇巧事很多，俗話說無巧不成書，好多奇事，寫出來像是作者編造的，因爲太奇怪了，好像不可能是眞的。

因爲說到張中行老先生，忽然想起來與他有關的一樁事。

那是二〇〇六年，張老去世那天，上海有家報紙（新聞晨報）登出來這個消息。但是同時登出來的照片，不是張中行先生的，而是南懷瑾老師的。

大家看到了報紙大吃一驚，不知道是怎麼回事，熟人紛紛來電話問訊。這時那家報館也發覺了錯誤，報業集團的領導、書記，急忙帶著那位弄錯的年輕女編輯，來向南老師道歉，並致送南老二萬元，作爲賠償。

南老師當然不接收賠償金，反而大笑，說是趣事一樁，並且對那個領導說，千萬不要爲難那位年輕女編輯，年輕人難免粗心大意，會有錯誤，以後多注意多小心就是了。有了這次經驗，將來定會謹慎細心的。

這也算是一樁奇怪事，能以趣事收場，也就是老師常說的要原諒人，要息事寧人。如果斤斤計較，臉紅脖子粗與錯誤的一方吵鬧理論起來，既不能挽回已成的事實，又徒增雙方的煩惱，誰又得到好處呢？所以，退一步海闊天空，要息事寧人，自己也解脫了。一個人，能夠心胸寬大，常存原諒恕人的心，自己自然會心情平定自在了。

四十五、比來比去

台灣的媒體，報導新聞十分熱鬧好笑。像當紅女明星嫁入什麼豪門啦，什麼豪門千金下嫁那家的小開啦。這還不算奇怪，可笑的是，自己分明是媒體人，卻要打扮得與女明星爭奇鬥艷似的，只可惜長得又稀鬆平常，當然報導時的態度和遣辭用字，就不要期待有格調、有文化了。

反正人要長進，要有修養，出得門來，像是泱泱大國的子民，那就太不容易了，多數人一不留神，就隨波逐流而下了。

怪不得從前老人總說世風日下，這也就是老人的苦惱和憂心，總覺得世風不但日下，而且下得太快了。更使老人不悅耳的，就是有些年輕人，總在笑自家的老人太落伍，不通人情，莫名其妙。我有時也眞覺得自己是落伍隊中的一員了。

說了半天還沒有說到正題，我要說的是，新聞綜藝不斷報導大戶人家的婚禮如何，請多少客，婚紗多貴，嫁妝如何，一切一切都在比來比去，好不熱鬧。於是我突然想到一個老笑話，是說清代有兩家大富豪，一家姓朱，一家姓項，兩家對面而居，一天到晚比來比去，看誰家最闊氣，誰家排場最大。

此事被一個聰明的刀筆之徒知道了，在除夕前幾天到朱府拜訪，對主人說：「你給我二百兩銀子，我給你寫一副門聯，新春貼在大門上，定會使對門那家氣個半死。」

主人一聽大喜，雖然二百兩銀子太多了一點，不過能氣倒對門項家，也值得。

大年初一清晨，對面項家一早打開大門，新春未見喜，反而看見朱家大門上的對聯：

上聯：明朝天子

下聯：宋代聖人

橫批：都在我家

好個朱八戒！自稱與朱元璋、朱熹是一家，氣得項府一家老小上下，一年都沒有過好。

到了年底，這個刀筆之徒則改去項府拜訪，二百兩銀子賣一副對聯給項府，過年時貼在大門上：

上聯：烹天之父

下聯：為聖人師

橫批：捨我其誰

你朱家認爲祖上是天子朱元璋，我項家的祖先項羽，連漢天子劉邦的父親都是要烹就烹。

你朱家認爲祖上朱熹是聖人，而我祖上項橐是至聖先師孔聖人的老師。

至於朱家看到這副對聯感想如何，那就可想而知了。人就是這樣，比來比去。

四十六、有始有終

從前老師常說，作人做事，一定要有始有終。這句話聽起來是老生常談，年輕時不以爲意，根本沒有放在心上。

年紀漸長的人，就感覺不同了，年老時更發現事態嚴重。最近台灣電視新聞不斷報導一些知名人物的婚變，成爲茶餘飯後人們的笑料，還不知道何時能夠終場。

其實放眼看來，這種事比比皆是，也是社會上的普遍現象，不足爲奇。但是，這種現象說明了一件事，就是有始有終太難。但這並不是說不離婚才算有始有終；而是說，事情要能善終才好。否則形勢上、法律上雖終結了，卻留有餘恨、怨嘆和氣憤留在心中，這是以惡緣告終，實際上沒有終，雙方的情緒仍在各自的意識中纏繞。

很多年前的台灣，有一樁轟動社會的大新聞，一個豪門的女兒與同學男友相交多年，男方遲遲不肯結婚，因爲雙方家庭財富懸殊。有一天，女方說已懷孕了，男方只好答應結婚。

豈知數月後，呱呱落地的，卻是一個金髮碧眼的嬰兒。作丈夫的情何以堪？如何面對家人、社會啊！自然訴請離婚。在法律上，離婚本可分得頗多的財產，但是這個男人什麼都不要，只要離婚。

嬰兒的父親是一個外國人，發現女方原來是個大富人，即刻表示求婚，而女方則帶著她的洋娃娃，遠離台灣這個是非之地，躲到外國去了。

此事以男方的大度而結束，在不幸中，也算得到一個比較圓滿的結局，至少醜聞沒有繼續發酵了。

說到有始有終，大概大家都會發現，親友、同學，以及同事之間，能全始全終的並不多見，而以交惡爲終的反而較多。我所知道的有些人，本來是多年好友的，卻因一句話或一件事不滿意而成陌路，互不來往了。更有太多的手足親人，爲財產而反目成仇。

有一位長者，人緣廣而和，曾回答處人之道說：當與人談話不投緣時，必須要說幾句善言好語做彌補，以免對方煩惱，弄得以惡緣告終。如果自心常存恕人之心，就比較能原諒別人了。

原諒人很不容易，尤其是原諒聰明人，那眞是太難了，因爲聰明人會激發你的劣根性，與他爭辯不休。

所以只有糊塗一點才好辦，怪不得古人有「難得糊塗」這句富哲理的話。這長者又說：做事要想有始有終，首先要有遇困難不逃避的心態；與人相處則要少計較，少挑剔，多看別人的優點，寬容他的缺點，多替對方設想，才能避免有始而惡終。

看來，做事難，作人更不容易。

四十七、吃什麼才好

民以食爲天，現在的台灣可好，原來最基本的麵粉都有人摻入不該有的工業原料，當然下游的一切食品多半用的都是這些有毒性的原料，一時之間，什麼都不敢吃了，也不知道什麼可以吃了。

台灣報紙上說，聽說大陸的食物大多有問題，只有我們台灣的食品製造安全可靠，因爲台灣有食品安全檢查制度；想不到一夕之間破功，暴露眞相，制度有漏洞。

六月二日的台灣聯合報社論，標題竟然說：「有這樣的政府，所以有這樣的黑心商。」

所以啊！弟兄就是弟兄，弟兄不是應該互相鼓勵，努力向上嗎？大陸正在重視食品的安全問題，台灣卻向兄弟們以往的不良示範看齊。

俗話說：人向高處走，水往低處流。不過有個人說，現在一切反常，現在是「水向高處噴，人往低下流」，意思是吹牛噴口水越噴越高，人品道德則越來越往下流。這話說得也頗有趣。

又有一個朋友說：有時眞不知道「今夕是何夕，所處是何處」，眞令人迷迷茫茫，怪不得基督教有撒旦之說，佛教也有魔鬼之說。

可是我那個老朋友又說，這些都在你自己心中，向上一念是聖賢，向下一念是撒旦；人會做惡事，也會做善事，皆一念之間罷了。

記得我六歲那年，是小學一年級時，有一天老師說帶我們全班去參觀博物館，小同學們一聽大喜，反正出去玩總是好事。

豈知到了博物館，只見許多人物模型，塑的是，人死後有下油鍋的，有被鋸子鋸的，被鞭打的，那個恐怖的情況，至今難忘。

那個老師對我們說了一大堆果報的事，警告小朋友們，不可做壞事，不可這樣，不可那樣……嚇得一班小同學都戰戰兢兢。其實，並不知道人不該做壞事的道理，而是嚇得不敢做壞事。這也算是一種威懾教育法吧！當然，長大後仍然各有千秋，有的牢記不忘，有人忘得一乾二淨，反正，娑婆世界嘛！

至於結論，南老師不是說過嗎？天下事沒有是非，但有因果。這句話太深太深，太難了解了。

四十八、新書消息

記錄南老師事功的這本《南懷瑾與金溫鐵路》，即將首次以簡體字出版了（大約六月底上市）。

記得好幾年前，北京人民出版社的黃社長一行前來大學堂，當時南師親自交給黃社長四本書，由該社陸續出版，這本書是其中的一本。

南師又囑我再寫一篇〈《南懷瑾與金溫鐵路》簡體版前言〉，現在先給大家看吧：

聽到東方出版社意欲出版《南懷瑾與金溫鐵路》一書的消息，不禁有些吃驚，也有些意外；因爲這本十五年前印行的書，雖是一個紀實，但內容所傳達的，並不一般，而是有特殊的意義，但卻少有人注意。惟有台灣管理學大師陳定國博士，於各大學講演時，宣稱欲投資者，這是必參考的一本書。

世上的好書太多了，各式各樣的智識學問都有。古人說：立德、立言、立功，不過人們常常忽略，任何的學問修養，都是在事功的成就過程中，才得以充分顯現出來。所以古人說：「坐而論道，不如起而行之」，因爲事功是立德、立言、立功的具體呈現，圓滿成就。

不過，說到事功，那也是無法強求的，即如先聖孔、孟二者，由於當時的情勢和環境，終致偉願難伸，功業難成；千百年後，因萬方獲益，才得事功圓滿，成其爲聖。

金溫鐵路是國父孫中山先生在《建國方略》中的計劃，其重要性，吾輩幼年已深印腦海。但八十年已過，歷經孫、毛、鄧、李四代，或因戰亂無法修建，或因環境變遷而中斷，始終未能修成。

時至一九八九年，大陸正在摸著石頭過河，開創新局；炎黃子孫當然人人有責。此時，離鄉去國四十載的南師懷瑾先生，甫自美到港，即有溫州書記劉錫榮來訪，爲百年未建的金溫鐵路，請求南師牽頭領導。

修建一條鐵路談何容易，尤其引進外資投入國家建設，鐵路史並無前例，其中千頭萬緒，如資金引用，艱難困擾的情況，絕非筆墨可形容。單說溝通意見，企望相互了解之事，已是千難萬難了。

中國人到底是中國人，終於共同攜手努力，經過先後六年光陰，鐵路完成而通車了。檢閱既往，其間頗有特殊之處，發人深省。

（一）開創境外投資入國內建設之先例。

（二）在鐵路修建過程中，南師並未前赴國內一步，而是坐鎮香港，只由門下李素美女士，往來香港、浙江之間，擔任傳遞溝通任務。

（三）南師雖為投資者，但並未派遣任何南氏家族成員，或門人學生，親朋故舊等，前往參與工作。

（四）工程完畢後，南師放棄所有合約中應得利益，只收回投資，不計利息，還路於浙江地方。

本書中收集南師親筆信件有六萬餘字之多，曾有一識者於閱畢此書後說：從書中看到的一切，才對古人所謂「運籌帷幄之中，決勝於千里之外」，恍然而悟；對於作人的標準，處事之智慧，更多有令人心領神會之處。

黃社長領導的東方出版社，一向立於文化之前端，現在更獨具慧眼，印行本書，令人敬佩，蓋亦讀者之幸也。

四十九、老師為什麼去醫院

多日來，常常聽到一些不實的傳言，有關南老師走前的一些情況。老師生前曾多次說過，他是不會進醫院的，去年八月身體欠安時，也說過不去醫院。

八月下旬有一天，沙彌（郭姮妟）特別請了一個著名醫院的醫師，來給老師看診。這醫師建議老師去醫院先作檢查，老師也沒有同意，因爲老師始終是自療，吃的是科學中藥（成藥）。

關於這方面，宏忍師最清楚了解，因爲她畢業自廈門大學中醫學院，在多年隨侍南師的歲月中，也跟老師繼續學習有關醫理各方面。

南師去年八月中旬，閉門休養，八月廿七日起，也不再到辦公室了，有重要事務則上樓請示。不久南小舜（師之次子）及南國熙（四子）分別從溫州、香港前來探視，老師仍表示不去醫院就診。

八月廿八日，陳照鳳（老師在台灣學生）從台灣前來，幫忙照應老師。接著在上海幫老師的阿姨，也來協同永會師、宏忍師等照護老師的工作。

九月十四這天，宏忍師值班照料，到了中午時分，老師咳嗽不止，很久很久，情況未見緩解，宏忍師侍奉在旁，問道：「老師，要不要改變方式，到醫院去？」

老師說：「好吧！你要通知大家。」宏忍師馬上聯絡李素美、沙彌、馬宏達，以及南家兄弟們等，立刻安排救護車前往上海的醫院。老師對沙彌說：「你去拿那個箱子，裡面有三十萬元，你收著。」沙彌說不要，當時照鳳和宏忍師都在場，老師說：「你拿去」，沙彌才去拿。動身前，老師說：「此時要借用一下西醫了。」

在救護車中陪同的，是李素美、何碧默（國熙妻子）、沙彌和宏忍師四人。另車在前行的是許江和郭彧嘉（沙彌弟）坐的車子，牟煉駕車隨救護車之後。馬宏達則於訪客走後，即趕赴醫院。

老師爲什麼答應到醫院去呢？自從老師不適，多日來，病況反覆，服藥並未見好轉，按照老師平日不願麻煩人的作風，眼見多日來同學們的辛勞和不安，只有前往醫院，才能改變困境，解除同學們的重任。

這是大家心中的猜度，因為老師永遠是先想到別人的處境。所以，老師最後終於選擇了住進醫院，不是為自己，而是為了減少照應他的學生們身心的負擔和勞累。

五十、醫院中的五天

送老師去醫院的救護車，在十四日下午四點多鐘出發，路上曾略有阻塞，到達醫院時已經是六點多鐘了。

醫院先給老師做了初步的檢查，心電圖、血壓……然後才進入病房。醫生立即開的藥是：消炎、化痰、利尿。

老師服藥後不久，咳嗽減輕了，小便了幾次，老師還開玩笑的說：「到上海來，就撒了三泡尿！」當晚是宏忍師和小君守夜，照顧老師。

次日（十五日）上午九時，老師的兒子南國熙夫婦趕來了，南國熙還對老師說：「鳩摩羅什也害病啊，而且病了很久」，老師聽了微笑，輕輕拍了拍國熙的頭。

由於來照應的人太多，不能都在病房中，醫院很周到，特別撥了一間辦公室給大家，作爲輪值休息的地方。

老師的二兒子南小舜也趕來了，老師忽然對他們說：「我對不起你們」，兩人聽到就哭了，因爲九月九日的時候，老師也對兒子們說過一次對不起他們。小舜和國熙說：「爸，不要這樣說，都過去了」，旁邊有幾個同學也掉下了眼淚，深知老師多年來公而忘私，不能不疏離家屬，甚至國熙每來大學堂看父親時，照樣也要繳住宿費的。

看到老師的病況好轉，大家都安心了，以爲沒有問題了，李傳洪就回台辦事，南國熙感冒怕傳染，夫婦二人回香港去了。

十六日上午，老師還與大家閒談，並囑咐沙彌快回去照看實驗小學。到了傍晚，老師又開始不太舒服。

十七日上午，老師喉嚨不暢，南家兄弟家人和許多同學又都回來了，馬有慧、彭嘉恒夫婦也趕來了。馬有慧給老師背部按摩後，老師覺得舒順些，又請宏忍師拍打背部，促使積痰吐出。

醫生來了說，傳統吃藥療法，如未能治癒，必須做進一步檢查，找出病源，才能判斷正確，徹底治療。老師於是同意，於下午三點半做了CT。當晚，醫院又安排了肺科專家會診，醫生們都表示，要待次日看到CT報告，才能確定。

第二天（十八日）上午，CT檢測報告出來了，顯示老師肺部有眞菌感染，另有一小處有些陰影，如要明確，必須再做進一步複雜的檢查，那是很痛苦的。

下午兩點多時，醫生過來了，認為老師一來年事已高，二來太瘦，所以不建議再做複雜的檢查，也擔心檢查過程中，萬一有意外反而不好，故而對老師說：「我們的能力到此為止了」，馬宏達接著說：「老師，接下來要靠您自己了」。

老師聽到後，立即寫下：「明白，好！」

幾天來，老師躺下的時候少，多數時間是坐著的，但不一定盤腿。此時聽了醫生所說，也表達了自己的瞭解後，開始活動頸部、腰椎……半小時後再一次活動，經過兩三次之後，即穩坐不動，像他平日打坐那樣。

直到傍晚，守護的宏忍師等人在旁，看到老師仍然坐得很安詳，一夜在氣定神凝中度過。

十九日晨六點四十分，在旁的宏忍師等，忽然聽到老師身體中有一個戛然而止的聲音（像開關突然關了一樣的聲音），發現老師鼻息沒有了，脈搏也極微弱，近乎沒有了。於是立刻通知醫生，心電圖檢查顯示出來的是直線，間隔很久才突起一點點的狀態。這時在旁邊的，有宏忍師、小牟、小君和護工，以及當夜在休息室值班的小崔和小許。

不到十分鐘，國熙夫婦來了，此後南宋釧、南小舜、李素美、沙彌、阿嘉、馬宏達、謝福枝、彭嘉恒夫婦、小鳥等，得到消息陸續都來了（來的人還有不少，無法細說）。

醫生和南小舜（中醫）都看了老師的瞳孔，並未放大。

於是大家共同商議，決定下午兩點送老師回大學堂，謝福枝立即回大學堂安排接應。

兩小時後，南小舜再驗老師的眼睛，瞳孔不但並未放大，而且臉頰華潤。

回去所乘坐的不是救護車，是大學堂三排座椅的車子，由小許駕駛，沙彌坐在副駕駛位，第三排座位是馬宏達和王洪欣（學校拳術老師）二人，在他們腿上鋪放軟墊，南老師躺在墊子上，周圍用軟枕墊著。

第二排座位向後轉，與第三排相對，上面坐了四個人，阿嘉、小牟、小鳥和馬有慧，他們面對著老師隨侍。

就這樣，於十九日下午兩點多動身，四點多鐘就回到了太湖大學堂。

老師在醫院五天期間，病房中二十四小時輪流守護的人有：宏忍師、照鳳、小鳥、小牟、小君、南榮榮和那位護工，還有馬有慧、何碧默。

五十一、最後的時光

老師回到大學堂後，即放躺在他臥室的床上。臥室外一間是書房，書房外是醫藥室，室門通走廊樓梯，是老師出入之門。

十九日當晚開始，護持老師的有三人，各在一間屋中，每天兩班輪值，共六人。參加護持的人共有二十餘位，有人輪值多次，有人只有一次不等。

次日，南家兄弟家人前來，講到老師有關的許多事項，這是重大的事，當即請來李素美、李傳洪姐弟，還有馬宏達、李慈雄、呂松濤、謝福枝等，大家共同商議，先組成七人護持小組（宏忍師、素美、南一鵬、宏達、慈雄、松濤，我爲召集人）。

小組每日晚飯後在主樓會議室聚會，先由宏忍師報告老師情況。實際上聚會時大家都可參加，都可以發言，並不限這七個人。

當宏忍師報告老師的情況一切平靜如常時，大家卻有不同的意見；有些人認爲，十九日上午，醫生已宣告「不建議作進一步檢驗」，而且心跳、呼吸和脈搏也沒有了，說明老師已經過世，現在應該處理後事。

另有一些人認爲，在醫生宣佈放棄後兩小時，老師的瞳孔也並未放大，況且，氣住脈停本來是禪定的現象，老師七〇年代，在台灣也曾由醫生測試過；老師進入禪定時，也是氣住脈停，當心電圖上呈現一條直線時，把醫生嚇壞了，以爲老師休克死去了（《禪門內外》一書中曾記述此事）。所以，認爲現在的老師，是入定狀態，不是死。

大家爭論了一陣，結論是發佈消息，老師在禪定中。這是根據守護同學報告的，老師看起來仍像平常一樣。

連續幾天，情況困擾著每個人，老師仍然平靜的躺在那裡。直到廿八日的傍晚，從香港來了兩位醫師，林德深醫師和他的太太李丹醫師。

林醫師是國際知名的遺傳醫學專家，李醫師是神經科專家，他們二位醫師在醫院服務，都有很多臨床經驗。過去他們也常來拜望老師，探究生命的各種問題。

二十八日晚，二位醫師在主樓會議室與大家見面，他們先說了基本的醫學常識，並講解西方醫學對死亡的定義。

初期是當生命現象沒有時（呼吸停、心跳停、瞳孔散大），就認定爲死亡。後來因器官移植的需要，再加上一個腦波停，才算死亡。

不過亦有報導，有人在被裁定死亡之後，又恢復生命跡象。

所以，以往醫院所認定的，沒有生命現象就算死亡，絕對是有問題的。據醫方研究發現，美國在一年內就這樣被誤判爲死亡的，有七千人之多。

所以，在西方的醫學界，對生命終結的判定，越來越複雜困難了。

二位醫生說，目前針對南老師究竟是處於禪定還是死亡的情況判斷，應該分成兩步：第一步：檢查是否有生命現象，如果沒有生命現象時，必須再作第二步：檢查是否有死亡現象，二者具備才算死亡。

所以根據二位醫師的闡釋：南老師沒有生命的現象，不能就判定爲死亡。由此來看，老師十九日離開醫院時，絕對不是「已死」。

二十九日上午十點半左右，兩位醫師帶著從醫院借來的儀器，去給老師作檢測，陪同去的有南國熙、南小舜、宏忍師，一共五人。

詳細檢查之後，直到下午一點多鐘才完畢。醫生們根據各項檢查資料，仔細研判，然後林醫生在主樓小組會議上宣佈：「南老師已經沒有生命的跡象，部分身體已出現死亡跡象，身體不可再用了。」當林醫師講到這裡時，忍不住忽然大哭，不少人也一同落淚……

下午四時左右，本地的法醫確認了老師的死亡診斷。

於是晚飯後，小組代表在餐廳對大家正式宣佈老師死亡的訊息。

忍住悲痛後商定，於三十日晚火化遺體，那是中秋月明之夜，就在太湖大學堂院中舉行。

五十二、老師的大事

古道師對於辦理道人身後荼毗事，有很多經驗，此次老師的大事，也由他操持，謝福枝協同安排一切。

火化共用兩千斤木柴，這些木柴原是大學堂院中的樹木，八月八日那天的颱風，吹倒了約有一百棵樹，其中還有一棵老師窗外的巨大銀杏樹。這些樹還來不及處理，倒在院中，到了九月底已吹曬乾了，就陪老師一起走了。

當日送葬仍依古禮，晚六時三刻開始，老師的兒孫多人扶棺，由僧尼前導，隨棺前行的是家屬、親友、學生、大眾等，一路「本師釋迦牟尼佛」聲響徹庭院。

遺體封爐後，宗性師帶領舉行佛教祭拜儀式，再由各方代表致辭後，於八時舉火。大眾隨即跪拜念誦迴向至深夜。以後的幾天，日夜都有同學自動守爐。

十月五日晨四時半，舉行開爐大事，大家心情五味雜陳，都很緊張。開爐後，但見棺下所墊的三毫米鋼板已經扭曲，再檢視遺骨，赫然看到老師頭骨依然完整，宗性師和古道師都說甚爲罕見。

其他舍利也有，形狀不一，全部密封裝罈，寄存穩妥，沒有任何外流。

老師早就多次說過，不願留下什麼遺骨舍利，二〇〇六年老師曾有一信給峨嵋山通永老和尚，特別說明此事。因爲早年佛法爲得大眾信心，比較重視此事，現在已無必要，反可能引發人的迷信，更可能引起爭奪之風。

但不知爲什麼，老師的遺骨竟然被保存下來，大概是事態演變的自然結果吧，這也就是天下事。

再說老師的逝去，醫生所說「部分身體已出現死亡跡象」，顯然是一兩天前才開始的，如果是早幾日逝去，死亡現象絕不會是「部分身體」，而應該是多處或者全身。

那麼問題來了，老師從十九日到二十七日的狀況，到底應該如何解釋？

按照張尙德教授六月廿六日在達摩網站所說的，老師「捨報，呼吸停止前，身內像電開關一樣，喀嚓一聲，停止呼吸」，他認爲十九日晨，老師是捨報去世了。

按照另一個網友所說，喀嚓一聲，那是入禪定現象。

再根據兩位醫生的闡釋，十九日老師離開醫院時，絕對不是「已死」。照顧老師的同學弟子們，無人敢作任何判定，只能小心觀察照顧。

老師一生致力於文化的傳續，從事生命科學的研究和實證。生命到底是怎麼一回事？留給後人的仍是一大課題，要從科學的立場來證實，不能迷信。

自從老師閉門謝客直到最後，我未曾看過老師，也未到醫院去過，因爲年紀大，幫不了忙，反而會使別人擔心。但我隨時隨地都在關注，都有消息，在我寫這幾篇報導時，也再與多數在場者求證無誤。

另外，當時參與隨侍老師左右的人，對各事都有記載，也有錄音，更有照片。不過，人生自古誰無死，生老病死誰也免不了，至於如何生如何死，也是各有因緣，他人雖有心幫忙，恐怕也是無能爲力的。

· 化身爐

五十三、送葬回來

西方人有句話：「送葬回來才是悲傷的開始。」因爲忽然發覺，心中最重要的人，眞的走了，再也見不到了。

更何況，那個再也見不到的人，是自己生命中的一盞燈，照亮自己前行的路；更是自己生命中的倚柱，支撐著自己脆弱迷茫的心靈……

可是，燈忽然熄了，柱子也倒了，剎那間天地變色，哀鴻遍野……

二〇一二年春的一天，看見老師進入辦公室，我就說了一聲：「老師好」，豈知老師立刻回答一句：「不好。」我正要再問一聲爲什麼時，老師卻說：「昨天夜裡太難過了，當時我就想走掉了。」

我立刻說：「老師你不要這樣……」話還沒說完，老師又很嚴肅的說：「我給你說的是眞話，太難過了。」

我愣在那裡，無話可說。當時在辦公室裡還有好幾個人，都聽到了。（我相信老師要走，立刻能走掉的。）

同樣的話，幾個月後又有一次，老師又說：「昨天夜裡就想走掉了。」這種話聽到大家耳朵裡，有千斤之重，萬斤之重……

但是老師兩次都沒有走，工作更勤奮了。

「燃燒自己，照亮別人」這句話，好像正是描寫老師的一生。早年老師常說：「只能在不得已的情況下，勉強做一點事。」當時聽到覺得那只是一句沒什麼意義的話，是隨便說說的。幾十年過去了，所看到的，老師的辛勞和無奈，豈有任何言語文字能描述萬一！

回想一九七〇年成立東西精華協會時，那種複雜和困難，甚至連朋友之中都有人誤解並且反對的。

老師另一句常說的話是：「明知不是伴，情急且相隨。」老師一生爲文化的傳承努力奮鬥，爲了這個高大的目標，常常不得不與「非我族類」合作（七〇年代已經有不少同學目睹過這種事，當時我也不能諒解），代價多麼大啊，只有自己承當。

有一天，在太湖大學堂，有人向老師稟報做事的種種人為障礙，老師叫他忍讓，最後老師說了一句：「我都能忍，你有什麼不能忍的！」（這是忍辱波羅蜜嗎？）

培養自己悲天憫人的胸懷，原諒他人的無禮，忍耐別人的愚昧，憐恤他人的無知，更要反省自己的貪嗔癡，這不就是老師的教化嗎？

五十四、身歸何處

講到老師最終的種種事，引起很多朋友們發表高見，或由情而說，或由理而言，有的觀點在細微處，有的觀點在廣闊處，立場各不同，見解有高下，或片面，或全面，雖稍見爭端，終不失君子之風，令人受益良多。難怪孔聖人說：「三人行必有吾師焉」，高人之後有更高的人。

這不免使我想起老師常說的一句話：學佛是要學解脫。大概作人也要知道解脫，不要被自己的見解困住，變成我執。

記得九〇年代之初，爲了老師的書在大陸印行簡體字版，我常去北京。有一天我與北京佛教文化研究所的李家振先生，一同前往潭柘寺（古話說：先有潭柘寺，後有北京城）。

由於佛研所租了潭柘寺一處院落，老師得知後，囑我也在該寺租一個地方。

當時老師在香港，未來行止未定，大概是以備日後之需，所以想租寺中一處地方。也因爲聽說清朝的康熙和雍正二帝，常到那裡小住修行，所以那個古寺頗不尋常。

豈知老師又說：「頂好，全部租下來。」我大吃一驚，立刻對老師說：「這個潭柘寺太大了，租下來怎麼辦？」

於是老師說了一番話，意思是，潭柘寺背後山巒之處有不少山洞，將來他要住進去，死的時候就自己死，病痛喊叫也好，反正無人聽到，就這樣不知所終……

老師的一番話，令人忽然明白一點，什麼叫解脫，什麼是瀟灑。老師的願望是不麻煩任何人，死後也不留下任何身體遺跡，以免造成後人是非口舌之爭，遺物舍利之爭，更免除建塔建紀念館之耗費，順便也減少人們貪心爭奪的惡業。

反正「不知所終」就不會有什麼爭奪了。所以「老子西去不知所終」的歷史，說明老子眞的了不起。大概那時老子的「粉絲」不多，偉哉！老子。

寫到這裡，又想到大約三十年前有一次，老師與幾個同學正在閒話，說到彌勒菩薩未來龍華會的事。當即有個山東同學王徵士（《懷師》一書中有他的報告）說：「老師，將來我們在龍華會上再見。」

但老師的回答卻語驚四座，他說：「我跟你們不會在龍華會上相見……」，同學們聽得正目瞪口呆之際，又聽老師接著說：「因爲我早已發願，生生世世要來度眾生。」

話剛說完，只見一個同學已經流下了眼淚。老師要生生世世來這個世界，幫助我們這些愚癡的眾生，這是多麼宏偉無涯的大願啊！氣吞山河……

老師到底是何等的人？眞覺得自己太癡太愚了，常常糾結在雞毛蒜皮的爭論中，連小事都不能解脫。怪不得古德說，這是：「螺螄殼裡做道場」，目光如豆，心念計較的事，只在豆子那麼大的範圍之中，說話的口氣倒像是個領導……

在老師最後三個月的過程中，我未盡任何照顧之力，對於日夜隨侍老師左右的同學們的辛勞和內心的煎熬，我的感受極深。此刻，我要對他們的謙恭和忍辱，致上最高的敬意和無盡的謝忱……

五十五、人生的大事

說到生死之事，眞是人生的大事，尤其是人生最終這椿事，誰都逃不了，但多半無法自己掌控，只能聽任安排，所以常有求生不能，求死不得的悲慘情況。

前些年有個朋友的母親，突然病了，不省人事。因爲這位老太太已一百歲了，他的大女兒就主張不要送醫，讓老人家自然西歸，一兩天可能就走了。但老人另外有一個女兒和孫子，都是西醫，認爲人有病就該去醫院治療，於是百歲老人被送進醫院，身上插滿了管子，在醫院住了一年，救治無效，終於去世。

有許多人討論這類問題，因爲什麼是最妥善的方式，太難說了。

多年前在台灣時，有一次，大熱天看見老師很累的樣子回到辦公室。原來老師早年在台灣的熟人中，有一個年紀不小的人，在醫院病危，想見老師一面。

老師立刻到醫院去看他，見他已經不行了，就對他說：「快點走吧！這個世界有什麼可留戀的？提起正念，不要慌亂，從頭頂上出去！」

這幾句話是老師回來告訴我們的，當時我聽了覺得，那人的兒女如果在旁邊，不知是否不以爲然。因爲普通探病人說的，都是安慰話、鼓勵話，也都不是眞話。比如：「安心靜養吧！很快就好了……」或「人吃五穀雜糧，哪有不生病的，現在醫藥發達，明天說不定有新藥出來，專治你這個病……」或「上帝會保佑你的……」或「佛菩薩會保佑你的，一定會快好……」。

哪有人勸病人快西歸去的？只有我們南老師，常常如此勸人。

當然老師只對那些年齡大，病又無法治好的老友們才會這樣說，意思大約是反正人總歸會死，既然病得那麼苦，不如早些擺脫身體的困鎖，儘快的超脫去吧。

老師說，臨終的人，有的因爲太留戀這個世界，或捨不得兒女家庭，或捨不得物質財富，常有四大已在分散了，意識仍死守這個身體不肯離開；或者由於太執著身體而出離不了。

所以一個人平常就要知道捨，不要執著，最後自己才能捨，臨終要走的時候能快點走。

不過一般的觀念都是「好死不如賴活」，尤其作兒女的，不管多痛苦的醫療方法，兒女們都儘量用來給父母治療，因怕別人批評捨不得花錢，或不盡心不孝之類。

總之，人生這最後一站，太難了，所以禪宗大師常問那些有省有悟的人說：生死作得了主嗎？

記得很多年前（七〇年代末），孫公（毓芹）病癒出院後對老師說：「以後我再犯病的話，就不要送我去醫院了，醫院那個活罪難受。」

老師笑了笑說：「你還年輕嘛！」

後來孫公在琴藝界名望越來越高，學生也越來越多，那時老師已遠走海外了。

一九九〇年四月，孫公氣喘舊疾復發，被送進醫院，幾日後在加護病房走完人生的旅程。

那時老師已在香港。

我有時會想，如果老師仍在台北，會不會反對送他進醫院？

但我又深信，孫公在加護病房時，是用自己的意志才能快些離去的。這與「作主」有多少關係？誰知道。

五十六、固執和選擇

《金剛經說甚麼》這本書，出版不久就收到一封信，是一個老太太寫給我的，她說書中引用的經文少了一句。

當時嚇得我出了一身冷汗，因爲整理講稿成書，多數都有人幫忙查資料、校對等，只有這本書是我獨自完成的，怎麼會如此粗心大意啊！連忙拿來那本老師認定的《金剛經》版本查對（封面還是老師的題字），發現並沒有差錯。於是就回信給這位老人家，說明此經版本很多，也略有不同，我們這本書是用鳩摩羅什的譯本，沒有這一句。

原以爲此事就此告終了，想不到老人家又來了一封信說：「阿彌陀佛，你們還是改了吧！」

這些佛婆婆佛公公眞可愛，擇善固執，先入爲主。不過，我只好不再回信了。

最近聽朋友說，有兩個研究佛學的人，在一起討論佛經的內容，但二人一個是小乘這麼說；一個是大乘那麼說，講來講去各執一辭，大概忘了，不管大乘小乘，都是佛說的，因對象不同，環境不同，時代不同而有差別。二人爭得面紅耳赤，旁邊有人在笑，有人嫌煩就走開了。

這使我想起有一次，有一個念佛修行的人，對老師說，一念佛感覺就有鬼跟著她，問老師：「世上到底有沒有鬼？」老師說：「你見到過鬼嗎？是你自己心中在鬧鬼！」

又有一次，有人問老師：「世上到底有沒有鬼？我怎麼都沒有見過？」老師瞪了他一眼說：「你不相信有鬼，還學什麼佛法！」

所以有人說，你們南老師一下這麼說，一下又那麼說，真奇怪。

法無定法，佛講了很多法門，老師也介紹了，教了許多法門。自己的性向適合哪一種方法入門，試來試去就會知道，有些方法是容易入門的，有些是較高層的方法。就像小學生的算數是加減乘除，高中生則學幾何代數等。

所以要知道自己的程度才好選擇方法，並不是哪個法好，哪個法不好的問題（這是我粗淺的個人了解）。

記得七〇年初在禪學班時，老師講解《指月錄》，講到一段有人問某禪師「什麼是道」，那禪師回答說：「挑水擔柴。」

當時滿座有多少人懂，我不清楚，反正我聽得暈頭轉向，心想這是啥玩意兒啊？一定要弄個明白。從那時起，可能心中有個願望，要跟著老師學。

其實學什麼，自己也不清楚，至今仍是一腳門裡，一腳門外的一個愚笨的學習的人。我常常在想，當學生最好；再看老師，只有兩個字可以形容：苦啊！

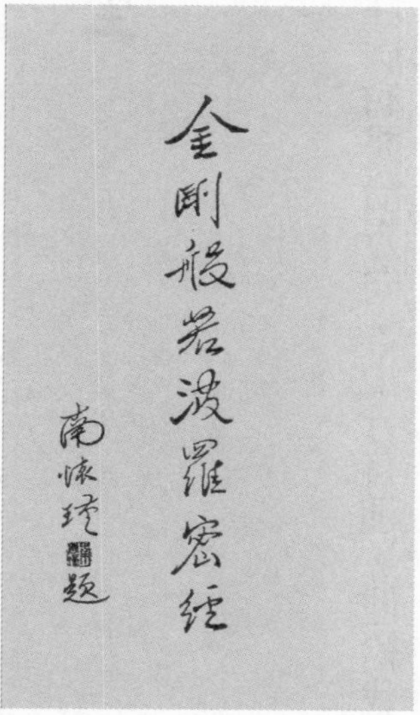

・老師封面題字之《金剛經》

五十七、腦功能與靜坐

有朋自遠方來，說到國外對慢性病的醫治方向，十分有趣。他給我看了一篇文章，題目是「佛的腦子：腦功能與靜坐」（Buddha's Brain: Neuroplasticity and Meditation），作者是 Richard J. Davidson 和 Antoine Lutz，內容是靜坐對腦功能影響的研究。

老人癡呆症和巴金森病是兩個腦科的慢性病，至今尚無對症藥物，也弄不清致病的原因，目前只有延緩病症發展的暫時性藥物。

但是患病的人數卻在快速增長，對社會和醫療負擔，都很嚴峻；病人個人和家庭的痛苦，更是說不盡道不完。

尤其奇特的是，前兩年的統計，巴金森病的患者，全世界共有四百萬人，而其中半數都是中國人。換言之，中國有兩百萬人害了這個病。至於老人癡呆症的患者，中國也有六百萬人之多了。

我們中國人怎麼啦？腦筋有問題嗎？還是吃了太多補腦的美食？

這兩個慢性病人口的增加，是全世界的壓力，美國總統歐巴馬，不久前宣佈增加億萬資金，以求解決這個慢性病的問題。

說到國外的積極態度，更加有趣，幾十年前美國就流行打坐，那時多半是年輕的嬉皮族。近些年來，學瑜珈之類的，以及屬於東方的養生健康之類的活動，越來越普遍，尤其對密宗更爲傾心，所以打坐的人就開始多了起來。不過，科技發達了，以用手機來說吧！使人每分鐘都不得閒，對腦力是營養還是損傷，眞不得而知。

人太忙了，無形中也就變成了壓力，美國人講究實用，就用打坐當作減壓的方法了。他們不管道家佛家所說的什麼任督二脈，什麼三脈七輪，反正打坐時總不會再用手機了吧！讓腦筋休息就好，所以，聽說現在的美國，連小孩子都要打坐。

更進一步研究發現，打坐時腦波的變化很不同，於是就進入了醫學研究的領域了，認爲打坐可能對慢性病的治療有幫助。

不久前還有電視新聞報導，英國訓練慢性病人打太極拳，用以緩解病情，結果證明是有些效果的。

不管打坐也好，打太極拳也好，西方人拚得過我們炎黃子孫嗎？這都是我們的文化寶藏啊！我相信我們中華兒女在解決慢性病問題上，一定能發揮關鍵性的作用，一定會有重大的貢獻。

綠谷公司，是以中醫藥現代化推進者的理念經營的，七月廿一日全天，在廟港江村市隱舉辦了一個「醫學與生命科學的研討會」，邀請了美國的，香港的，和國內的院士專家，集合了腦神經科，遺傳學，生命科學，中醫西醫，以及道家醫學的醫生，共聚一堂，相互溝通，有前瞻性，有建設性，內容豐富，可惜不是對外公開的；不過，聽說這個記錄會對外公開。

在這個研討會中，還關注一個有關遺傳方面的問題，涉及同卵雙胞胎的研究，英國人已有五百對雙胞胎的研究，中國人多啊！可以展開五千對雙胞胎的研究。

這就應了大人物一句有意思的話：「人多了好辦事。」

五十八、呼吸法門新書

上海書店出版社正在印一本小書，是六年前南老師囑咐我編整的，屬於安那般那呼吸法的一本入門的小冊子，書名是《南師所講呼吸法門精要》。

天下事的因緣有時很奇妙，上海出版社的許社長，幾年前來拜見南老師的時候，老師正在問我這本書的事，那時許社長還未到上海書店出版社工作。

時光流轉，今年的年初與許社長會面時，無意中說到這本書稿，許社長於是定了這個書名，大約在八月十日前後就印好了（另外拙著《禪門內外》七月也已由「東方」出版了）。

人要有運氣，書也要有運氣，喜歡看書的更要靠運氣。現在先把這本小書〈編者的話〉給大家看一下吧：

這本小書的出版，頗有些特殊的因緣背景。

首先是南師懷瑾先生，在宣導文化說法五六十年的經歷中，深感幾世紀來，由於修持方面的障礙和問題，造成行者難以如法，故而修持的人能成功者極爲罕見。

南師一生致力於各教派的實證和研究，認爲釋迦佛所傳最快捷修行的兩大法門，未獲眞確明瞭，實爲行者難以成功的主要原因。

爲此之故，近數年來，南師於講課時，常常涉及《達摩禪經》中之十六特勝安那般那法門的解說。

二〇〇七年二月春節講課期間，南師在教授十六特勝並督導同學修持之時，某日，忽然指示編者，將其散見各書及講記中之安那般那修法，加以收集整理，並匯編成冊，以方便學習者修持之參用。這本書就因而產生了。

關於安般法門，除經典中有扼要的提出外，千餘年來，多有大師將個人修法成就，系統輯集成論，其中以六妙門三止三觀最被稱道。

學佛修法，其方式，其制度，在時空不同，對象有異的狀況下，不免形成改變，也是勢所必然。昔日就有百丈禪師創建叢林制度，大改印度規律，當時曾遭嚴苛之抨擊，而佛法卻因之發揚廣大。

一般認為，「經、律、論」三者，論著屬個人心得經驗見解之說，故能承受討論或批評；甚至戒「律」部分，除根本性戒外，亦可因時因地重新討論或修訂。

有人說，在了解一種新的修行方法論述時，先需查究是何人所說，何時所說；如果是學者或義理師所講，可列入佛學中作為學術參考。

如果言說者是實際修持求證有成的行者，那就要慎重的對待了。

但是，無論如何，修行是有因緣因素的；如對傳法的人，或對所傳的方法有所疑慮；或認為與經典及古賢所說未能完全契合，則可另有幾項選擇。其一是自己修證，屆時圓滿自明；其一是改投其他有修有證的大師學習。故而不必斤斤於微末細節。永嘉大師曾說：「大象不遊於兔徑，大悟不拘於小節。」

在這本書中，南師評論了一些修行方法，不管是正說，是反說，讀者定有智慧去深入，去體會。希望這本小書能對修學者提供助益和方便，爲禱爲盼。

又，本書原稿及編者的話，在二〇〇八年已經南師審閱無誤。

劉雨虹 記

二〇一三年 四月 廟港

五十九、原諒和同情

有人說到《易經》所謂的變，認為天下事都會變，不但事情會變，更麻煩的是，人心也常常在變，朋友忽成陌路，甚至會反目成仇。

那個青年結婚十多年了，他的妻子忽然移情別戀，棄他而去。他氣惱萬分，天天想點子要對付她，弄得自己神魂顛倒。有人就勸他學《易經》，因為可以知道天下事都會變。不過也有人告訴他，你老婆背叛了結婚誓言，太可惡了，應予以懲罰。

另有人告訴他，「夫妻因誤解而結合，因了解而分離，所以分離是自然趨勢。」

還有個人勸他，趕快娶個年輕辣妹，炫耀給你那背叛的老婆看……

年輕嘛！火氣旺，東一句西一句，各種建議都有，與學《易經》有啥關係！

這人的老爸曾看過南老師的書，忽然想到因緣因果的問題，就告訴兒子，既然夫妻分手了，就以平常心看待吧！何必弄得人仰馬翻，結個仇人呢，不如祝她幸福吧！

想不到這年輕人忽然峰迴路轉，接受了老爸的意見，自己反而解脫了痛苦煩惱。

聽到這件事，使我想起來多年前，美國娛樂界的一樁震驚社會的大事。有一個有名的歌唱家，唱《月河》（Moon River）出名的安迪威廉斯，他在七〇年代連續多年，主持電視節目，在他七十歲時，還到台灣開過演唱會。

安迪的太太是法國人，二人結婚後在美國夫婦共同主持節目，很受歡迎。結果有一天，她竟然跟另一個男人跑了（聽說與安迪離了婚）。

不久，這個男人又愛上其他的女人，於是安迪這個背棄他的老婆，竟然開槍打死她這個情夫。

此事震驚了全美，開庭審理的那天，安迪威廉斯，出乎眾人的意料，竟然陪伴著背棄他的前妻，牽著她的手，出庭應訊。

當這一幕出現在新聞報導上時，千千萬萬的人感動落淚（我也不例外）。這是多麼寬大的胸懷！憐惜一個受煎熬的心靈，而這個心靈卻是背棄他的那個人，是使他蒙羞的那個人。

原諒是一件最困難的事，原諒別人的惡意和背棄尤其困難。更爲困難的，是不嫌棄曾有惡行的人，進一步再引導他們棄惡從善，這種事更是世上罕見。

老師常說，引導一個人向善，只是影響少量的人，引導一個有惡行記錄的人向善，對社會的正面影響就太大了；如果引導一個企業領導人走向正途，對社會的貢獻就更是無比的大了。

老師樂此不疲，所以身邊常見到有惡行前科的人，當然正人君子變成小人的也不少。

說到變，想到太極拳，自從發明了太極拳，演變至今，誰的最正確？不知道。陳氏太極，楊氏太極，各有千秋，北方派的，南方派的，我的太極拳與南老師學的也不同。前幾年實驗學校請了少林寺兩個小和尚，來教太極拳，南老師叫他們先表演一下，老師看後就提醒他們注意，然後老師當場就示範了幾趟拳腳。

兩個小和尚看了十分興奮，受了啓發。原來老師打太極拳時，眼神配合動作，那是形神合一的拳，不是只有動作！

那天我也看得很興奮，可惜呀！我現在打不了太極拳啦。

六十、看病吃藥的事

今夏高溫，中暑的人很多，醫院病患大量增加，弄得醫生累，護士忙，病人苦。

可是不中暑的人也很多啊！這就是自己的問題了。

有一位年高的醫生專家，他說的話最令人噴飯。那天有人向他訴說病況如何如何……他竟然說：「不要靠醫生，不要靠醫生……。」

當時我心裡想，你不是醫生嗎？有病不靠你靠誰啊！

其實他的話有理，人有病可以看醫生，但不能全靠醫生；有些病更是醫生也幫不了的，只能靠自己。如果希望少害病，那更是只能靠自己了。

有人還問，學佛要不要也懂些醫藥常識？請問，佛法所說的五明，其中就有個「醫方明」啊！不通曉一點醫理藥物的話，修行時的身心變化怎麼對應啊？

如果芝麻綠豆大小的病，都要往醫院跑，豈不是勞民傷財，麻煩一大堆人嗎。

多年前我得了關節炎，醫生給我吃類固醇（激素），吃到變成月亮臉也沒有好。後來看到英國人寫的一篇〈關節炎四十年〉的文章，他是每天走路兩公里才痊癒的。

他的走路不像平常的走。首先身上手上不背拿任何東西，走路比平時大步一點，稍快一點。開始只走半公里（五百公尺），一兩天後慢慢增加，到十天左右時，增至兩公里，以後不可再多增加，每天只走兩公里（以免關節負擔過重）。所以，不是走得越多越好。

其實這就是「知量」。我看到這篇文章後，馬上用這個走路的方法，不久關節炎也痊癒了。

所以說，許多病不是醫生可以治的；當然，如果想少病，就要了解一些生命運作的規律，才不會因違反規律而生病。

在這方面來說，中醫《黃帝內經》很重要，西醫在很多方面也了不起，更是天天在研發進步。

一言以蔽之，醫藥是治病，保護我們健康的，對人關係很大。一個修行人，既修心也修身（藉假修眞嘛），所謂讀書人要懂三理（命理、醫理、地理），大概就是這個道理吧。

回來再說我用走路方法治好關節炎，十年後又復發，我當然不會去看醫生。因爲與太極拳大師爲鄰，我就跟他學太極拳，也趕走了關節炎。

八十歲時，關節炎又來了，年紀大，抵抗力差，很快就必須坐輪椅，也由中西醫治療過。西醫在數十年後，已有更多的研發，不是單開類固醇，而且我對任何藥，都向醫生詳細詢問，並看有關藥的資料，醫生都說我是個「好病人」。

但是，能脫離輪椅，大部分是我自己的願力和意志力達成的。我告訴自己，不能坐在輪椅上度此餘生！於是我用專一心念的法門，咒語的念誦，以及觀想等等的心地法門，四十九天後，已能短暫離開輪椅了；又過了兩週，自己可以推著輪椅出門；大約半年後，完全脫離了輪椅，我太幸運了。

記得二〇〇四年，我到上海去看老師時，還帶著輪椅做爲後備。再過一年，我終於把輪椅丟棄了。

說了一堆自己的病史，只是偶然想到給大家一個參考罷了。人人都有自己適合的方法，修行也是一樣，知時知量很重要，別人的方法不一定適合自己，所以佛才有八萬四千法門。

記得很多年前，有一天老師對我說：「我再教你一個咒子」，我連忙說：「不要不要，我已經會兩個咒子了。」老師只好笑笑，作罷。

六十一、金石藥物

說到醫藥，說到修行，就牽涉到生命科學，於是忽然又想到老師以身試金石藥物的事，因爲老師一生都在做對生命的研究、探索、求證。

道家在對藥物研究中，常有煉冶金屬礦物，作爲長生不老的藥品，所以道家有高壽達數百歲之人。

在我的想法，活那麼久，脫離社會人群，有啥意思啊！也不看電視，不玩手機，不吃美味食品；反過來還要吃那些毒物，日子過得太不爽，太可憐了吧！

但是他們對生命的探索太有貢獻了，他們是把自己的身心性命作試驗的人……

南老師也是如此，記得是一九七三年，老師在蓮雲禪苑講課的那段時間，有一天，有一位張禮文中醫師來了，張醫師拿出一個小瓶子，裡面盛的是藥。他對老師說：「這是你交代做的汞丸。」也就是含有水銀的藥丸。

老師立刻倒出來吃了一丸。張醫師看到老師吃了一丸，連忙也倒出一丸吃下去。大概怕老師如果被毒死的話，自己也就跟著死；如果自己沒有死，就證明老師之死不是由他拿來的水銀藥丸致死的。

在旁邊的我們，看得心驚膽顫。老師每天繼續吃這個藥丸，直到有一天，感覺身體的表皮有與肌肉分離的現象時才停。

老師還服用過不少其他金石之類的藥物，只是服用水銀做的藥丸，是我們大家親眼看到的。

後來醫藥研究發明，測驗頭髮可知身體內的狀況。老師在香港時，曾做過這種測驗，從他的頭髮中，驗出體內的確有水銀成分。

中藥的古老配方，常有金石礦物的成分，中國有句古話：「是藥三分毒。」所以，大家要有一個基本了解，藥是短期治病用的，病好了不可再吃。

前兩年台灣報導一個病人，吃了龍膽瀉肝湯這個藥，感覺很好，就每天吃，吃了一年，結果腎臟功能壞了，只好定期去洗腎。

西藥也是一樣，十幾年前我在北京時害了疱疹，協和醫院開了七天的藥，醫生對我說，這藥只能吃七天，再吃傷腎，之後靠自己恢復了。中國人常有一個錯誤的觀念，認爲中藥是草藥，是植物，不是化學製成，所以沒有毒，其實植物也會有毒性。

從前我對中醫藥有興趣，常看書自學中醫藥，每天吃的青菜黃瓜，都要查一下《本草綱目》，發現茄子的小毒用大蒜解，白蘿蔔的小毒，用薑來解……不論學陰陽五行，學《易經》，學中醫藥，有興趣的話，就是多看資料。像徐靈胎這個偉大的中醫，不就是自學成功的嗎？

很多人都想要跟南老師學，但是卻不看老師的書。南老師在《靜坐修道與長生不老》一書中，講過看光（繫緣於光明）的法門，還講過其他許多法門，都是屬於「初修禪定入門方法」。

老師留給我們太多太多了，那麼多書，很多法門都講過了，求人不如求己，書中自有黃金屋啊，快看書吧。

六十二、唱唸吧

看到兩封信，一來一往的對話，很有意思，也大大的啓發了我。我喜愛運動，但常常忽略音聲運動的重要，這兩封一來一往的信息，又提醒了我的注意。我的福氣眞好啊！現在與大家分享吧！

來函如下：

我上氣不接下氣，稍微勞累，說話聲音只在「上焦」，很辛苦，已經很長時間了。

萬沒有想到，一個簡單唸「啊」的音，居然打通了。

連日來，我每天晚上九點開始，半小時到40分鐘，唸「啊、喔、嗯」，效果很好！雖然話多也累，但是底氣大增，沒有進出氣只在「上焦」的痛苦了。真的好感謝你！

回信如下：

一、你只要專一的唸「啊、喔、嗯」等三個字音就好，「啊、喔」是開口音，「嗯」是閉口音，這也是瑜珈術的方法。唸「嗡、啊、吽」三個字音也是一樣，只是要注意：「嗡」是頭部音；「啊」是胸部音；「吽」是腹部音。

二、念誦是一種很輕鬆愉悅調氣調身心的好方法，南老師說是軟修法門，可以軟化我們的習氣煩惱，轉化身心，達到身輕心安的境界。煩惱也叫結使，有了煩惱，身體就像打結一樣，氣就不順暢了，情緒也跟著起了變化。

《黃帝內經》說：心主喜，肝主怒，脾主思，肺主悲，腎主恐，身心是密切關聯的。

懂得調身練氣，心念也跟著轉了，反之，心念一動，氣息也就隨念而變，身體自然也跟著變。

三、一切都是緣分，請不用客氣，我不過是你的增上緣而已，那是你的善根發動的功德，一念即可有此作用，真為你高興。

總之不急功，不近利，持之以恆，必日見其功。

六十三、呼吸與健康

說到呼吸法門，台灣有一個八十多歲的老朋友，打電話來說，她幾天前不知吃了什麼東西，臉忽然紅腫起來，兩眼腫脹成一條縫，幾乎睜不開了；急忙乘車去醫院。計程車司機看見她的樣子，嚇了一跳。

坐上了計程車，她就開始用呼吸法，首先定下心來，不害怕，然後深呼吸，吐氣長，吸氣自然也長了一些。大約過了十幾分鐘時間，到達醫院。下車時，司機看到她又嚇了一跳，因爲她的臉已消腫了，恢復成平常的樣子。

這位老太太年輕時學過劍道，她說教劍道的老師也教她方法以配合呼吸。爲了弄清楚她用的方法，又打電話去問，希望她能詳細說明。

她說，除了學劍道時知道呼吸的重要外，多年前看到老師的那本《如何修證佛法》，在書中的第七講就教過呼吸法門。

其實就是十六特勝，安那般那呼吸法門。看這本書的人太多了，只有有緣人才開始練習。怪不得老師叫我把他講過的，收集在一起編成這本小書，作爲入門之用。

記得我小學中學時代，那時早晨有「早操」，由體育老師帶領全體學生做運動，其中就有一項是呼吸。體育老師喊口令：呼……吸……大家聽口令做深呼吸。

平常人呼吸都短淺，氣到不了下面丹田，氣不能在體內流通全身。中醫書上說，氣關係血的運行，血關係內臟的運化。呼吸之氣，與體內氣脈是有關聯的，所以呼吸對健康是有直接影響的。

先母壽至九十七歲，在她九十歲的時候，有一天，下午兩點她仍未起床。我們去探視，發現她沒有半絲呼吸的聲音，鼻孔用紙也測不到呼吸，站在床旁觀察很久，後來看到她腹部有輕微的起伏。我立刻放心了，她的氣在丹田動。

先母在世時，既不打坐，也不學佛，她只是平實的，依照中國傳統的教育過了一生，雖然未學呼吸法門，照樣可以氣沉丹田，這是自然的，不是練出來的。

道家有許多養生方法，五〇年代剛到台灣時，自由出版社的蕭天石先生倡印道藏，向那些從南京到台灣的老立法委員推銷預售，那些委員爲了情面都買了一部，印好拿到手中多半不看，少數人偶而翻翻。

我們的一個親戚也有一部，他太太閒著無聊就看了一下，恰巧看到一些法門對聽力視力有幫助的，於是就練了起來。其實都是對氣的運行有助益的，但每天十分鐘，必須有恆。人的毛病就是沒有持久力，又想一步登天，三天成佛。

今天電視《文化正午》節目，說到大家都往那個長壽巴馬村跑，有人寫文章提醒大家要有「巴馬心態」才行，那裡長壽的人心態平靜少欲，生活清淡，是長壽的主要原因，如果住在城市也有那種心態，照樣長壽。

這話很有理，都是心理問題，對財、色、名、食、睡放不下的問題。

記得多年前台灣的一個立法委員，也姓劉，八十多歲，笑聲爽朗，身體健康。有人問他長壽之道，他說沒有，只知道別人對不起我的地方，我就趕快忘掉；我對不起別人的地方，趕快彌補。所以他心無罣礙，少煩惱，當然健康。

人能夠長壽，因素很多，但是不管長壽短壽，活得健康就好；可是要活得健康，呼吸問題就很重要了。

六十四、醜聞

很多年前，美國發生了一樁強姦少女案，在法院審理後，那個法官對記者說了一番話，意思是，女孩子的衣著行動應該注意，因爲有性犯罪傾向的人，是抵擋不住誘惑的；女性衣著太暴露的話，是犯罪的誘因。

這番話引起各方強烈的批評，認爲法官有譴責受害人的意思。當然，此話的是非對錯，只有自己去認定了。

我初中三年級時，有一個同學假期後回校，有些愁眉不展的樣子，她說，因爲愛上了她那裡教堂的神父。這是麻煩事，無解，但是像這類的事，到處都有。

後來偶爾看到教堂的刊物，調查人們去教堂的原因，其中有一個問題是：

「你來教堂是因爲這個牧師嗎？」

這句話發人深省。人是有情的動物，理和情常常混淆不清。所以，究竟是先信教理再信這個說教理的人，還是先因喜歡這個說教的人，才喜歡這個教理？反正說不清。有不少人是因爲傳教的人太精彩了，自己不知不覺就由崇拜而昏頭了。

台灣曾有多起宗教人士騙財騙色的事，因信仰狂熱而上當的不少。報紙上稱這些宗教人士爲「神棍」。教育界不久前也有幾樁學校老師，甚至校長，姦污小女生的案件。

社會上此類事件層出不窮，因爲這個世界不圓滿，是由好人、壞人、和不好不壞的普通人所組成的。我們每一個人，也同時俱備這三種特質，有時好，有時壞，有時不好不壞，教育就是要發揚人的善心好意。

宗教界中當然也是由這三類人組成，宗教人士未成聖賢之前，也可能是有邪心惡念的。只是社會上一般認定，宗教人士應該是賢者，是好人，所以一旦出現了醜聞，比較令人震驚、痛心，也難以接受。

其實，宗教界人士的醜聞，以斂財、騙財成分較多。騙色也有，是利用女信眾的信仰心理，想得獨家法門心理，或欲求早日成就的心理而得逞的。

有些信眾，以爲師父有神通，有超能力，足以領導自己，或改變自己的命運，所以唯命是從，願上當的也屢有所聞。有些純粹是感情糾紛，只不過涉及的是宗教人士罷了。

所以佛教的論典中有句話：「依法不依人。」應該依據的是經典佛法，不是說法的那個人。

但是密宗卻是上師重要，不論何種宗教，各有宗派，各有對經典的不同解釋。密宗的所謂上師，是定義在有成就有證量，夠資格作上師的行者。

環顧今日的社會，誰是眞的上師，只能靠自己小心判斷了。

如果「所依非師」，也只有小心謹愼，以免財色受損。因爲這類醜聞還會繼續上演，上當受騙的人仍會一波接一波的連續下去，遮羞布扯掉也可以再掛一塊布上去……法律上稱這個爲屢犯，有前科。

當然，也有被扯下遮羞布，而幡然悔悟，痛改前非的人，那就是浪子回頭金不換了，大家拭目以待吧！

怪不得老師常提醒大家，學佛是智慧的解脫。豈止學佛要智慧，平常作人也要智慧，做功德更需要智慧。

那，我沒有智慧怎麼辦？有人說，只好多讀聖賢書，多觀察注意賢人的行爲舉止，慢慢向他們學習了。

太史公曰：佛法是對生命的探究、實證；宗教人士中有菩薩來度化的，有潛心修行的，有熱心與人分享心得的，有好爲人師的，也有藉機斂財騙色的。其他行業也一樣，花花世界嘛！

六十五、舍利和佛牙

舍利究竟是什麼？由於我這個人比較笨，平時只對文字有些偏心，對稀奇特殊之物，興趣不大，缺乏熱情，所以對舍利之事十分糊塗。

聽說人死後燒不化的特殊結晶體叫做舍利；形狀不同的叫做舍利花、靈骨之類，各種名稱都有。

古代記載高僧火化後，撿出舍利，大家供奉，增加信眾的信心和崇敬心。釋迦牟尼留世的佛牙，現在供奉在北京西山的一處地方，一九九二年的偶然機緣，我曾參觀過。

說到這個佛牙，還有一樁奇妙事，在此順便一提。大約是一九九〇年代初，美國一批華人佛教徒數十人，結隊到大陸參拜古剎佛寺。在參拜佛牙時，虔誠的信徒們，又唸佛號，又敬禮膜拜。據北京一個朋友告訴我，他們感動了觀音菩薩示現。

此事過後不久我回到台灣時，剛好見到一個曾參加拜佛牙之旅的女士（也姓劉），從美國回台。我就問她，在佛牙供奉處，觀音菩薩是如何示現的。她說：就像畫像中的觀音那樣，走來走去，約有一兩分鐘的時間。我聽了她的描繪立刻說：「那是妖怪！」

最好玩的是，她也立刻回答說：「你怎麼說的與我老公說的一樣？」

又過了一年，那個北京的朋友告訴我：「後來知道，不是眞的觀音。」下句話不講了，我就替他說了：「那是人造觀音吧！」

再說這個舍利，據說有一位美國的華人楊醫師，曾做過科學測驗，說舍利沒有基因，但可以自行繁殖，故而一顆舍利，經過一段時間會變好幾顆出來。

有些在家人死後火化也會有舍利，究竟爲什麼會有舍利留存？與佛教有關嗎？與其他宗教有關嗎？與修持戒律有關嗎？與素食有關嗎？與獨身有關嗎？與年齡有關嗎？

還有一個問題，遺體火化後的留存物，與火化時火的溫度有關嗎？聽說用電火燒化什麼都不留。

但還有一說，素食多的人，體內留存有植物草酸，是烈火燒不化的結晶。這個說法還是多年前聽到南老師說的，當時南老師也說是聽說的。

這一切的一切，豈不都是與生命有關的科學問題嗎？總有一天，一切都會有個合理的答案吧！

供奉舍利的心理，是對師長或先人的誠敬，也有人認爲是對自己的護佑。我有一個朋友，兄弟姐妹四人，把父親的骨灰舍利均分保存，這是他們對父親的愛；有些弟子則供奉師父的舍利。但不知道沒有舍利的怎麼辦？

寫到這裡，忽然想到弘一大師的一句話，弘一大師是戒師苦行僧，有一次不收額外供養，信徒說：是給師父買香供佛的。弘一大師回答說：「我以心香供佛。」誠心是眞供養！大師就是大師。

以假舍利賺錢的人也有，也有人認爲應該把眞舍利示眾，才證明哪個是假貨。有一個小屁孩卻說了一句有趣的話，他說：「網路上出現了明星的假裸照時，她是不是應該把自己的眞裸照公開到網上？」

六十六、一張老照片

最近看到一張照片，是一九七〇年三月，南老師成立東西精華協會時，與參加大會的卅多人的合影。相片中的人，乍看之下，都認不出來，因爲那是四十三年前的往事了。唉！往事不堪回首啊！

再經過大家仔細端詳辨認，總算認出了十多個人，再加上南老師和師母，共認出十三個人。

就在這十三人當中，有七個人已經作古了。不看照片，還沒有去想人生變化有那麼快；而更令人吃驚的，還不是容貌形象的變化，而是心念和作風的變化。

當然，「變」似乎是千古不易的道理，但令人感嘆的是，怎麼會變成那樣？在老師教化下的各路英雄豪傑們，「再回首，恍然如夢；再回首，我心依舊；再回首，背影已遠走。」這幾句話是姜育恆常唱的〈再回首〉的歌詞，不免使人回想到當時的情景。

除了照片中的人以外，同時期還有不少其他的人，在這麼多的人當中，「我心依舊」這句話，令我特別想到一個人，就是林中治。

想起林中治

林君小我七歲，我們是七〇年禪學班的同學，大家與他都特別有緣。尤其是我，因爲我的程度太差，對老師所講的內容，常聽不明白；但經林君再講一下，我忽然就明白了，所以常常向他請教。

林君在認識老師之前已熱衷禪宗多年了，也跟過好幾位大德學習。他在工餘之暇又十分努力。一九七二年初禪七過後，他寫了一篇〈小兵習禪記〉，刊登在《人文世界雜誌》上。在這篇文章中，他寫出自己見到自性的過程，而且得到了老師的認證。

可是，當時的我卻大大的不解，因爲我既未明心，更未見性，於是就很認眞的去請問老師。當時我問老師：「他（林）說的見到自性，是否只是第六意識的清淨面？」

老師當時對我肯定的說：「他的確是見到了自性，那不是第六意識的清淨面。」總算親自聽到老師對一個人的肯定。

這是不是悟道？我不知道；這是理悟嗎？證悟嗎？我也不知道，是否應該悟後起修？我也不知道。反正我都弄不清，只好暫時擱下不管。

不過，他這篇文章卻改變了他，在生活上，在修持上，在心理上，都開始了轉變。首先是，看到文章來向他問道的人絡繹於途，他當然熱心與人分享，但在談話之間又常遭老師的否定。對於這種狀況，更令人不解。

一九七五年一月，老師在佛光山禪七之後不久，林中治就避居於苗栗法雲寺後山，約十年之久，結婚了，妻子就是他的護法，眞的護法。

接下來幾年，他受各方邀約講法，講修行經驗，很受歡迎。但他受邀時常作檢選，平淡自處，不向金錢低頭，不朝盛名追求。

・1970年3月東西精華協會成立留影

大約四、五年前，他已過八十歲了，得知他住在台北內湖一處養老院，約好回台灣時去探望他，卻未能如願，因爲在我回到台灣時，他已走了。

「再回首，我心依舊」，林中治從學道開始，直到最後，他依舊是向道之心，沒有因環境而浮沉。只有一樁事，我爲他惋惜。

那是八〇年代末，一天他忽然吐血，自認是修持路上的反應；不久再次吐血頗多，妻子強迫他去醫院，檢查結果，並無毛病。

那時老師已到香港了，我曾建議他向老師請教，他卻說：「老師很忙，自己能忍的就不要去麻煩老師了。」

我將他的狀況和想法，在電話中向老師報告，老師說：「有方法對治還是不同的。」

這些事，我多年來弄不明白，最近整理文件，看到老師多年前從美國寫給我的一封信，說到某人的作風被批評時，中間有一句話，說某人「離師太早」。

老師說的某人不是指林君，是另有其人。「離師太早」中的師，也不一定是南老師。

六十七、真真假假

因為說到那張照片，就是南老師成立東西精華協會時的一張合照，很多人都想看，大家除了認出的十三個人之外，又陸續認出來不少，現在把名字寫出來，滿足一下大家的好奇心吧！

「老師、師母、黃復、孫毓芹、臧廣恩、朱文光、朱際鎰、鍾德華、湯珊先、王紹璠（以上十人已逝）、楊政河、汪忠長、杭紀東、林曦、周勳男、陳芳男、戴思博（法）、羅梅如（美）、周闓春、張慶宜」，一共認出二十人。

老師一生不參加任何組織，不與任何人合夥或合作，只有這次號召成立東西精華協會，目的是為文化復興和融匯中西文化而登高吶喊。參加的人都是認可他的，追隨他的，以及跟他學習的大大小小，老老少少。

生性懶散的我，不喜歡被約束，所以不參加任何黨派或組織，甚至其他的什麼讀書會、基金會、研究會之類的，也統統從不參加。如有任何人把我的名字列入任何組織，那一定是胡說亂道。我不但過去從未參加過任何組織，未來也不會。其實，我連東西精華協會也沒有參加過，我只是跟老師學習的人。

我不喜歡參加任何組織的原因，還有一個，就是不願看見相爭的場景，看到山中無老虎，猴子就稱王的現象，唉！不說也罷。

自從老師辭世以來，漸漸聽到不少人說，他曾被老師認爲已悟道了。接老師班的人也有好多，有的是自封的，有的是徒弟封的。

我相信一定有人悟道，而且老師一定已有接班人了。我雖說了這個話，但我絕對不知道是誰，我只記得老師的一句話，他說：誰悟道，誰沒有悟道，只看他所作所爲就知道了。

對於老師這句話，我的猜想是：悟道的人，對於「財色名食睡」自然就淡泊了，不會像普通人那樣貪財好色吧！更不會自讚毀他，熱衷名利吧！

說到這裡，想起老師每次對公眾講演時，都會說自己「一無是處，一無所成」。後來當我整理講稿時，有一次就忍不住對老師說：「把這兩句刪掉好不好？老師你已說過很多次了。」

老師說：「不行！不能刪！這就是我內心的想法。」

老師那麼有學問，道德文章天下皆知，到老仍如此謙恭自處，聽了老師這句話，令人羞愧難當。

老師還說過一句話：「儒家開的是糧食店，道家開的是藥店，佛家開的是百貨公司。」

對於一個國家民族來說，民以食爲天，首先要老百姓能吃飽，其次是不害病，然後行有餘力才能奢侈一點，開個百貨公司。所以這個糧食店的比喻，正說明儒家才是文化之根本。

這句話對於每一個人來說，就是作人的根本沒有建立好，還想悟道嗎？可能嗎？所以老師一再的說，要先讀《論語別裁》，先作好一個人，儒家所教的舉止進退，待人接物一切種種，都是作人的基本。

這個作人的基本，無關乎學問，一字不識的人也會有這種修養，所以悟也好，不悟也好，只要看一看他的言談作風，就心裡有數了。

老師還說過一句話：就算全國的人都學佛悟了道，又怎麼樣？這個國家非亡不可。老師說的這些話，很多人都聽到過。

換言之，一個人連飯都沒有吃的，還要去百貨公司買東西，這家人能不完蛋嗎！

我相信老師一定有接班人，那人也許可能是學六祖，正躲在獵人隊伍中吃肉邊菜呢！他不敢出來，怕楚狂罵他不識時務，不知道現在也有山寨版。

幸虧悟道的人只是少數，不至於亡國，否則麻煩就大啦！

六十八、編輯和作者

「文章千古事」，這是古聖先賢的一句話，包含意思很多，記歷史靠文章，傳遞思想觀念靠文章，書信往來，人際交往都需要文章；當然歪魔邪道也是靠文章而傳播的。

文章是由文字組成的，一字之差誤謬千里，所以要慎重，所以才稱之謂千古事，因爲是流傳千古的。

最近有個年輕朋友，很氣憤的打電話告訴我，他的著作，在出版後發現，改了幾個字，與他的原意大爲不同，所以心中很彆扭。

我勸他說，你的文章也不過改了幾個字，南老師自己寫的書，有些竟被改了好幾句，意思都改了。

不過，我猜想，編輯一定也是好意，認爲南老師錯了，這個編輯可能自認學問好，替老師改正。問題是他未得作者南老的同意；況且，文責自負，這個編輯不是熱心過度，自認學問超過南老師嗎？

寫到這裡，想到三十年前我和美國學生合譯那本書，在美國出版時，因為文中有些關於中國節氣、風俗之類的描寫，編輯不太明白，曾再三修改。那個美國編輯自謙自己是第一個讀者，所以先要弄明白，故而修改，並要我過目認可才算，而且每本書都要校對七次才完成，眞是十分愼重了。

我們不是文明古國嗎？認為美國年輕，文化比不上我們久遠，那也倒是眞的，於是我忽然明白，有些地方掛了「文明單位」的牌子，的確有些道理，原來多數地方都只是古老，並不文明。總有一天，處處都文明，牌子也不用掛了。

一九五〇年我初至新聞界工作時，頂頭上司總編是個老文化人，曾任美國華文報紙的主筆、編輯等。他愼重的告訴我，對作者作品應該尊重，除非是錯字或引用錯誤外，不可隨意更改；千萬不可自認學識高，當起了作文老師，把聲望高又資深的作家的文章，隨意修改成自己習慣的文句。如果為了賺錢而違背作者原意的出版，那就只能把文化人歸類於商人之列，而且不是

「童叟無欺」的高尚有德的商人，只是賣假貨的商人。

說到編輯和作者之間，大家都知道許多雜誌的徵稿欄中有句話，「本社有刪改權」，刪改來稿，以符合該社的宗旨。

二十世紀初期，有一種文學雜誌，編輯本身常常兼做作文老師。這類的編輯很偉大，因爲他們看到年輕的投稿人，文章立意很高，但文字的掌握運用尚未成熟，故而加以修正，培養後進。聽說巴金就是這樣的，他成名後，反而多花時間幫助年輕人。因爲那時能發表文章的書報雜誌有限，不像現在，有文章可自行在網路上發表。

再說一個外國例子，有一個法國人到香港、台灣各地找資料研究看風水的學問，該書出版後（英文），作者說，如果不是編輯的修正，他這本書不可能出版，所以對編輯萬分感謝。這本書在廿年前仍是唯一的一本英文風水書，其中多半是資料。（書名一時想不起來了）

總之，編輯與作者之間，各有不同的情況，但是對於作者，尤其是著名作家的文字，原則上是應該尊重的，編輯頂好不要自作聰明，以免弄巧成拙。

六十九、不知道為了什麼

「不知道爲了什麼，憂愁它圍繞著我」，聽到電視中唱的歌，歌詞寫得眞傳神。很多歌詞都是有深度有哲理的，其實就是新詩的另一種型態，既引人入勝，又使人陷於沉思，沉思到底「爲了什麼」。

「不知道爲了什麼」眞是一個大問題，不知道爲什麼，我就是愛那個人，我就是討厭那個人，我就是要罵人，就是要吃，就是憂愁，就是煩惱……一切一切都不知道爲了什麼。

就說這個中秋節吧，聽到台灣慶祝中秋節要烤肉，這可眞是不知道爲了什麼，中秋節不是吃月餅的節日嗎？

中秋節吃月餅的起源，有很多傳說，最普遍被認可的是「八月十五殺韃子」，把號召同胞殺侵略者的計劃藏於月餅中傳遞。其實，這不過是後人的說法罷了，農業社會秋季豐收，所以在月明之夜吃月餅享受，大概是基本道理吧。

現在為什麼要烤肉呢？真不知道是為了什麼。人的一生所做所想，有太多的不知道為什麼。

這個「不知道為了什麼」，無時無刻在跟隨著我們，追究起來，真是一個大問題。心理學家會給我們分析一大堆理由，佛洛伊德還會把它與性牽連到一起。而佛法則可能把它歸類於妄念、妄想……

也許我們每日所作所為，都不知道為了什麼，所以稱之謂妄念、妄做、妄說……最令人無奈的，是在說話的過程中，自己忽然冒出一句不得體的話，也不知道自己為什麼這樣說。我想大概人人都有這個經驗，這是令人難堪的事，有時會把事情搞砸。

世上有沒有人，一舉一動，所作所為，都清楚知道是為了什麼？猜想一定有那樣的人，他如何能做到這樣？他的心真是「寒潭清皎潔」嗎？那就是「無物可比擬，教我如何說」了。

有人說，知道爲什麼愁，知道爲什麼哭，爲什麼笑；是因爲傷心而哭，餓了而吃，喜歡而笑。

不錯，但是一切動物也是如此啊！而我們可是人啊，是萬物之靈的人啊！

就拿我寫這篇文字來說吧！也眞不知道爲了什麼。

七十、紀念集

人生在世，時常做些不得已的事，如果是上司交待你去做的，雖然心中並不認同，但爲了五斗米故，也只好折腰了。但是，如果是人情的關係，那就眞是萬分不得已了。所以說人生苦多於樂這句話，我是堅信不疑的。

在南老師將屆六十歲的時候，我計劃請同門朋友寫文章，編輯成冊，作爲對老師生日的祝賀。結果太慘了，只收到兩篇文章，和周夢蝶的兩首詩，計劃當然告吹。告吹不打緊，反而激起我的不甘之心，所以在老師六十七歲赴美後不久，我就開始邀稿，爲編輯《懷師》籌劃了。

有人說：「恨誰就勸誰編輯書」，我大概是恨自己罷！怎麼非要編這本書不可呢？編《懷師》的過程，那種苦惱，眞是不可說，無法說。首先天天忙催稿，爲了文稿的內容，又與人摔過電話，拌過嘴，更得罪了一些人，被人罵……幸虧書終於出版了，還讓老古賺了點錢。不過，我對自己說，以後再也不幹這種事了。

豈知幾年後，由於周夢蝶在餐館語驚四座的一喝，我又重作馮婦，編了一本《我是怎樣學起佛來》。那個過程前前後後也有不少可氣又可笑的事，反正我又下了決心，以後不會再搞這種事了。

哪知道，「東方」出版了《點燈的人》之後，不少人因未能及時寫出對南師的懷念而怏怏然。不久前就收到紀念文幾篇，又觸動了我的愚癡，但兩三篇不足成書，恰好滬上有人倡議，希望在滬出版紀念懷師辭世週年的文集，雖然時間急迫，也只好加緊再邀約幾篇，又收集了幾篇，才算編成了。

那日近鄰登琨艷大師前來，他是另類設計，作風特殊之人，我一時多嘴，請他代為設計封面。他一口答應，又不眠不休，害得幾個小屁孩也跟著他腳不點地的跑來跑去。另一日傍晚，又急召請出版社的朋友，從滬上趕來，磋商校改有關一切，害得眾人忙前忙後，結果總算差強人意，勉力促成，可以出版了，其中還有幾篇頗為精彩呢。

書名叫做《雲深不知處》，副題「南懷瑾先生辭世週年紀念」，書名本是上海會計學院夏院長的文章題目，寓意頗妙，於是就用作了書名。聽說本月廿七日就可以印好了。

唉！這次我真的下了決心，「隨緣消舊業」，以後決「不再造新殃」了。

七十一、南師辭世週年紀念活動

一年容易又秋風，去年九月，南師辭世而去，轉眼一年過去了，舉辦紀念活動的有好幾處地方。

首先是在太湖大學堂內的國際實驗學校，依照農曆老師圓寂日，於九月十八日舉辦紀念活動，同時也舉行象法堂落成典禮。

這個象法堂，是老師生前就催促謝福枝老總加緊建造的，目的是把老師多年來收藏供奉的佛像、聖像等，妥善安奉一處。

參加典禮的首愚法師、法程尼師、親證尼師等，都是在十方書院時老師的學生，此次並有數十名僧眾和信眾，隨同前來，共襄盛舉。

九月廿七和廿八日，七都地方政府主辦的是「首屆太湖國學講壇及南懷瑾先生逝世週年紀念」，內容豐富。廿七日的活動由古國治講「大度看世界，

· 古國治先生

· 廿七日晚間於不夜城度假酒店六樓會議室

· 上圖：廿八日下午太湖國學講壇
· 下圖：查旭東書記

·（右）南小舜先生　（左）蘇州市吳江區宣傳部部長周志芳

·上圖：吳飛教授
·下圖：南國熙先生在龍華寺講堂

· 上圖：酈波教授
· 下圖：吳瓊恩教授

從容過生活——如何愛我們的孩子」。廿八日上午在老太廟舉行紀念活動，表彰七都孝賢，及南公堤揭牌儀式，下午在不夜城大酒店會議室舉辦國學講壇，共有四位講演。

第一位是七都黨委書記查旭東，所講內容涉及南懷瑾先生在太湖畔講學以及儒林的文化續脈等。

第二位是北京大學教授吳飛，所講題目是「江南士林與國學的現代傳承」。

第三位是南京師範大學教授酈波，所講題目是「孔子的眼淚與知識分子精神」。

第四位是政法大學教授吳瓊恩，所講題目是「從中國傳統文化看現代文明重建」。

容納兩百人的大廳，座無虛席，有人只好站著聽。由台灣、香港以及美國前來的南師的學生們數十人，以及各地和溫州前來的南師子孫親友等數十人，齊聚一堂。

更有勝者，沿太湖，從丁家港至廟港大橋六千八百零七米長，六米寬之堤壩，已正式命名為南公堤，今後在使用地名時，有規範管理了。而登琨豔所辦的時習堂，就是南公堤的一號。

關於老太廟，本非佛教寺廟，而是為紀念千年來太湖流域民間信仰的義行邱老太父子，故稱之為老太廟。一年多前，重修老太廟時，南師捐稿費一百萬元人民幣及十八畝地，支持重建為老太廟文化廣場，將吳國祖先吳泰伯，以及商聖范蠡等的文化精神，都包涵其中，在新時代有繼承優良傳統文化的標誌性意義。

當時大學堂除老師外，還有很多人捐資支持，共捐了三百五十多萬元。

另外九月廿九日上午，在紹興的華林園，也在會稽山龍華寺講堂舉辦了「南師懷瑾先生示寂週年追思會」，許多老師的學生及南氏子弟，皆由各地前往參加，法國戴思博教授，特別由法國前來參加，並發表紀念性講話。

七十二、迷信和謠言

這個世界充滿了迷信，也充滿了謠言，不僅東方世界如此，西方也差不多，所以常使人眞假難辨，神祕莫測。

譬如說吧，記載釋迦牟尼是從母親腋下生出來的這件事，我是不相信的，很多佛教徒也不相信。

基督教說，人是上帝造的這件事，我也不信，許多基督徒也不信。

爲什麼宗教界有這些說法呢？兩千多年前的智者都已經知道原因了。孔子在《易・彖傳》中曾說過：「聖人以神道設教。」因爲那時知識未開，一般人連字都不認識，只好利用宗教，說些神話，以達到教化人民的目標，動機是高尙的。

日久天長，古代的皇帝也就利用宗教，實行管制人民，以達到統治的目的，結果許多迷信也就混合在宗教中，反而使人忽略了基本的教義。

老師把這些解釋得很清楚，所謂佛教、佛法、佛學，三者是各自不同的，各有其特點的，不可混爲一談。

佛學是學術，佛法是身體力行去實證佛的教化，而佛教呢！是學佛的僧尼大眾聚集而成的組織，在團體生活的情況下，制定了規矩、戒律，共同遵守，以利修行，並肩負了傳播佛教的責任。

佛教在開始時，也是爲增加大眾信心，爲宏揚之故，說些神話，屬於「聖人以神道設教」的原則。但時代進步，智識普遍，科技發達，大多數人已知道，這些神話只是方便的說法而已。

不過，人類普遍的心理，都有嗜聞神祕的習性，於是就有藉機製造神祕，吸引愚夫愚婦，或爲自娛又娛他，或爲賺錢又謀利，諸如此類，則屬於造謠生事的行徑。

聽到這類傳言，有人一笑置之，有人信以爲眞，街頭巷尾，傳來傳去，以假亂眞，說來說去，就是因爲人們有迷信的心理，才會上當受騙。

有人迷信於老師會活到一百廿歲的說法，現在老師卻走了，心中的七葷八素無以言之，不免幡然悟得一切無常。道家說，人是可以活到二、三百歲的，只是那要專修，遠離人群索居的專修；而老師過的是什麼日子？日夜忙碌不說，還要教化充滿牛鬼蛇神的學生們。蠟燭點火兩頭燒，能活到九十五歲，已經算是很不平凡了。

老師已走一年，有人說，老師在他後頭跟著，有人說老師託夢給他，叫他如何如何；說夢中老師交待他做什麼事的還有好幾個人。又有人說看到老師的像上有各種光圈繞……各種說法都有，既然多數是老師的學生，就不好意思把他們歸類於迷信或謠言，但我堅決相信，他們不屬於「聖人以神道設教」的範圍。

我這支筆好可憐啊！用來寫這些無聊事，都怪我太無聊了，也可能是我嫉妒他們，為什麼老師常常給他們託夢，卻從未給我託個夢呢？

對了！還有一個古道師，他也說老師為啥不給他託個夢。

七十三、閒話姓名

在紀念老師辭世週年的文集中，有一篇雷蒙的文章，說到南老師重視「正名」的問題。

所謂的正名，並不是計算名字的筆劃，作爲好運壞運的評定。

南老師常常喜歡給人改名字，聽到人說出自己的名字時，老師有時會稱讚名字好，有時會建議改一個字。大家當時聽到老師說的這些話，並沒有人認眞；有人願意改名字的就改，有的人不置可否，有的人只當故事說說而已，我們這些中國人大概都是這樣。

看到這個美國人雷蒙，竟對改名字這種事，像老師一樣認眞看待，我雖活了九十多年，倒也有些訝異起來，不免想了又想。

古人說「名不正則言不順」，不但一個人的名字要正要對，一切事物的名稱都應該有眞正的代表性才對。

這個正名的問題，忽然使我想起來佛牙，北京西山佛牙塔供奉的佛牙，我曾瞻仰過，記得那個佛牙很大，不像一般人的牙。有人告訴我是鏡子和光線反射造成的，有人說古代人高馬大，說聖人是丈六金身，所以牙也大。

有一個地方供奉的佛牙，很大一塊，據說經過檢測，那是大象的一塊骨頭，但爲什麼說是佛牙呢？難道又是「聖人以神道設教」嗎？

中國歷年來挖掘了不少古墓，有些是三千年前的，也沒聽說有丈六高的骷髏，釋迦佛和中國的老子、孔子，也不過是兩千多年前的人，相信他們的牙，大小都差不多罷！

所以，老師注意的事，大概是內外的一致性，也就是名符其實。人的名字也有這個意思，在爲孩子起名字的時候，作父母的，一定有各種的考量。

名字是父母決定的，沒辦法；但長大之後，就有「字」以及「號」，是自己給自己定的名號，當然代表了自己的思想意志，這大概就是給自己正名吧！

台灣以前有一個極有名的「名字哲學家」（已過世），這是大家給他的封號。他根據一個人的名字，可以推論此人一生的命運起伏，其實有點像測字，所以名字是十分重要的。據說他分析得十分準確，他並且強調一件事，認爲單名不理想，姓名頂好改成三個字，因爲自古到今，成名的、偉大的人物，單名的人爲數不多。其實，單名的人數本來就不多。

古來人人重視名號，認爲是自己內容的顯示。現代人喜歡崇洋，有一個人說了一個笑話，他說：好好的中國人，怎麼到了美國，忽然都變成了蘿蔔（Robert）、麥殼（Michael），變成了屁（Pete）呢？

七十四、工作　功德　義工

古人講「活到老學到老」，一生都要學習，眞是太努力了，當然很好。不過，有人不喜歡學，而喜歡做，就是喜歡有工作可做的意思。

有一位退休的六十歲的女士，現在沒有工作可做了，常常感覺這裡病那裡痛，醫院檢查過，說她沒病，但她仍覺得有病，於是不斷的到不同的醫院看病，孝順的兒女只好天天陪她忙著去醫院。

曾子說「小人閒居爲不善」，曾子口中的小人，並沒有不好或不規矩的意思，而是指一般人，指沒有心性修養的人，就像我們這樣的人，可以天天忙，一旦閒下來就有麻煩，就不好了。

一般人忙碌慣了，就形成一種習慣；忽然閒居不忙了，與平日習慣相違背，自然就不習慣。加之空閒太多，幹什麼呢？無事可幹，不免胡思亂想，而最貼身的問題，就是自己的身體。所以就會感覺這裡痛，那裡病，沒完沒了，自己痛苦不算，兒女也痛苦又無奈。

醫生不是說她沒有病嗎？爲什麼會感覺病痛呢？釋迦老子說了，「一切唯心造」，是你的心理影響到這個物質的身體。本來沒有病，心中老惦記著自己有沒有生病，日久反而病了，至少會得抑鬱症。

反過來想，如能多從樂觀、瀟灑、解脫的方面去面對處境，一切也會向正面發展。道家說：「神仙無別法，只生歡喜不生愁」，想要健康長壽，憂愁煩惱沒有用，不如歡歡喜喜的生活吧！這樣自己也輕鬆了，兒女的壓力也解脫了，小病小痛也消除了，心能轉物嘛，心向正面努力，不要向負面發展才好。

話雖如此說，要辦得到很難，心想要去影響身，身卻在影響心，心物一元，相互影響。所以才有聖人出來教化，教我們大家，要自己的心作主，自立自強。結果愚昧的我們，只知道向聖人磕頭，卻忘了聖人的教化；只看指向月亮的手指，卻忘了手指所指的月亮。

話又說遠了，人老了，沒事幹，要想過得高興，就要找些有意義的事去做。作兒女的，如能引導幫忙老人，把煩惱小病小痛，轉移到有意義又有興趣的事情上，豈不是一舉三得！

前些年台灣有些退休的代書們，在家閒坐無聊，就到法院大門內，免費代人寫狀子、寫合約，助人爲樂，生活很有趣味。

我有一個朋友，丈夫去世了，她就到附近醫院作義工，台灣的醫院，義工佔很大數量，醫院只付一點交通費給他們。作義工也是一種光榮，現在慈濟功德會，參加工作的，大多數是義工。

作義工也是做好事，也是做功德，老師曾說過，有福氣的人，才有做功德的機會。我猜想，這可能是哪個聖賢說過的話。

佛門還有一句話，「救人一命，勝造七級浮屠」。但是我們一生哪有機會救人的命啊！如有機會，千萬不可錯過。

這句話很妙，好像從前的人都忙於建塔建寺，以爲是功德，卻忽略了救人助人的功德，遠超過建塔造廟。

七十五、人老成精

前幾天是重陽節，台灣稱做敬老節，那天每個老人都收到一千元敬老金。說到老人的問題，現在醫藥發達，人的壽命比從前「人到七十古來稀」的年代，延長了很多，形成了許多老齡化社會，老齡化國家。

最近有人到美國做調查參考，發現五十多年前，美國就針對老人問題做了周詳的計劃，把退休後仍有工作能力的人們，安排到特定社區中生活，依各人所長，可以繼續工作，貢獻才能，生活環境既方便又輕鬆，精神又愉快，也不寂寞。

關於退休後的問題，不只是物質生活問題，更麻煩的是精神方面的安頓。

有一個心理學家曾經說，美國這個國家，是屬於精神方面高潮的社會國家，人民樂觀的多，很積極又愛冒險，有獨立精神。所以退休後仍然活躍的人，必須給他們施展的機會，對國家，對個人，對社會，都是好事。

總而言之，美國是一個年輕的國家，年輕雖好，但有時不知天高地厚，就像項羽吧，就是自恃武功了不起啊。古老國家認爲歷史短的國家，比較幼稚，像英國這個國家，雖老謀深算，但爲形勢所逼，有時也只好跟著年輕的美國行動。

美國人怕老，所以敬老另有一套，對老人不能稱老人，而稱「資深公民」，許多餐館在午餐時間，對資深公民只收半價，以示優待。

再說我們中國人吧，提倡孝道，敬老尊賢，退休賦閒在家的老人，有人照顧孫子，有人自我安排，或打麻將，或參加活動練功之類的，當然很好；但也有不少人，獨居寂寞，兒女又在外地工作，無法伺奉照應，那就很麻煩了。

有些子女又太孝順了，伺候老人無微不至，老人一動也不需動，弄得原本靈活的身體，因缺乏活動而僵化，肚子越來越大，頭腦越來越遲鈍，老人眞可憐。

看到電視新聞報導長壽地區的老人們，各個都像普通人一樣的做事做工，很自在隨意的樣子，可見活著必須要活動，才算是一個活人，該幹啥就幹啥吧！

老人也有很多是自立自強的，這是指精神方面的自立，不喜歡依賴別人。老師曾說過，「老人到八九十歲時，都成精了」，成了精的老人，說話也就「從心所欲」了，但不一定是「不踰矩」，有時是很「踰矩」。

有的老人不一定成精，但說話常「踰矩」。有一天晚飯時，很多蚊子在飯桌下咬人，大家說蚊子怎麼這麼厲害啊！

我忽然對老師說：「這些蚊子一定是從溫州來的。」

老師立刻說：「蚊子是從河南來的。」

我這個河南人一時語塞，但見老師似乎面有得色，自己只好認輸了。

七十六、果報與習氣

五、六年前有一天，老師叫人通知我早一點去見他。平常我是下午兩點鐘到辦公室的，那天接到通知，下午一點鐘之前就去了，老師正坐在餐廳等我。餐廳只有老師和我二人，老師問我一件事，這件事與我無關，但我卻是一個見證人。

當我說完經過之後，老師就開始大罵，不是罵我，而是罵那個涉事的人。我從未見過老師那樣氣憤的罵一個人，更罵與他有關的人。聽到老師罵得那麼兇，我反而替被罵的人難過，於是就說：「他們的習氣嘛！」意思是替被罵的人開脫一下。但是老師卻說：「不是習氣，是果報。」

老師接著繼續罵他們，說了很多事，我聽得有些懂，也有些不懂，不免又替他們找個藉口，我又說：「他的習氣嘛！」

豈知老師聽了我又說習氣習氣的，反而對我喊道：「不是習氣，是果報」。我聽得一頭霧水，怎麼不是習氣而是果報呢？

當時我頭腦也有些昏亂，一方面要小心聽老師罵人，一方面又琢磨著習氣和果報究竟有何區別，結果什麼都沒弄明白，只是聽老師在罵。我一時又鬼迷心竅，糊里糊塗的又說了一次：「是他們的習氣嘛！」

哪知道，老師聽到我又說習氣，竟對我發起火來，他用拳頭敲著桌子說：「告訴你！不是習氣，是果報。」

幾年來，這一幕常在我腦海中浮現，因爲我總弄不清習氣和果報的嚴格區別，直到老師謝世後，一年的風風雨雨，人事的變化莫測，人心的上上下下，使我對習氣果報的迷惑，似乎稍有一些明白。

從前看到經典上所說：人看到的美食，餓鬼道的眾生看到的是火，無法入口。當時頗覺不可思議，不能了解。現在忽覺恍然有省，因爲人世間也有這種現象。

有的人，分明一條陽關大道不走，偏偏要在曲折小道上狼狽找出路，就因爲眾人所看見的大道，在他們這些人看來只是一條死路。這大概就是他們的果報所致吧？這不是習氣。

有些人處理事情，分明可以一舉兩得，甚至三得，但他卻要用損人利己的方式，說起來是他的貪心，豈不也就是果報如此的原因嗎。反過來說，許多善行的人士，由於多生多世的善行功德，今生的果報也就是多善行吧！

我猜想，習氣大概比較染污淺，因時因地因環境，或因受教化，可以改變；但果報大概是定業，只有自己內心反省懺悔，才有改變一點的可能。

說了半天，不過是亂說，我還是有一點糊塗，這個問題很難，太複雜了。

七十七、不堪回首的事

有朋自四川來，大談四川往事，但是我要說的往事，是抗日戰爭時代的往事。近些年來，除了老師之外，尚未見到一個那時代的人；所見到最年長的，也都不是那個時代的。怪不得古人說：往事不堪回首；老師也說過，人老了連個說話的人都沒有。

抗戰是一九三七年開始的，我自一九四〇年入川，到一九四六年離川，前後約有七年之久，因為年紀輕，印象特別深刻，一切好似仍歷歷在目，四川是我的第二故鄉啊！

而最不能相忘的，就是川菜。川菜遍天下，可是你們吃過甜水麵嗎？令人有氣的是，現在所謂的甜水麵，根本就是冒牌貨，連山寨版都不夠格。

二〇〇五年我和幾個人到成都作懷舊之旅，安頓好旅店住宿後，就找一個本地小麵館，叫了一個甜水麵。那是我最想吃的，全世界都找不到的麵，因爲調料就只有甜醬油。這個甜醬油只有四川才有，那不是化學合成的，而是用黃豆發酵，再經過太陽曬很久才成功的。至於它爲什麼會有甜味，我就不知道了，但決不是醬油加糖做成的。

甜水麵的美味可口，除了用的是舉世無雙的甜醬油外，那個麵條也不是普通的手擀麵，而是拉麵。這個拉麵也不是山西或蘭州的拉麵那樣，而是拉得比筷子稍細的那麼粗，很有勁，所以好吃無比。

豈知堂倌端給我的甜水麵，卻是紅辣油和花椒粉拌的麵。我以爲他弄錯了，因爲甜水麵是無麻無辣的。

我說：我要的是甜水麵啊!?

他說：這就是甜水麵啊！

我說：甜水麵不是這個樣子啊!?

他說：甜水麵就是這個樣子啊！

我對這個堂倌端詳了一下，看他不過是二十多歲的年輕人，大概從生下來看到的甜水麵，就是這樣又麻又辣的……

我不甘心，隔日又試另外一家，也是一樣的，麻辣味甜水麵。到此我才明白，時代進步，都要快速成功，誰還要經年累月去曬醬油啊！連豬和雞都只用以往三分之一的時間就長成了。其實人也成熟得很快啊！

說到快速長大的雞，想起來一個笑話，六〇年代初，一個商業界友人到美國去，那是他第一次去。他利用空閒去訪老友，豈知敲開門，老友見到是多年不見的朋友，卻對他說：你怎麼不先打一個電話？我今日家中有客，就不能請你進來了，明日再來吧。

這個人回台灣後對我們說了一句很經典的話：「美國，人沒人味，雞沒雞味。」是因為美國吃的是快速生長的雞，所以沒有人味嗎？現在的我們，不但吃快速生長的雞，還吃地溝油，還吃……

不過，我們還是很有人味的，至少已經有人，少數的人，還在曬醬油，還明白古老的東西之中，有很多是要珍惜要重視的。

川菜中需要醬油少的菜，有些仍能保持相當的原味。四川物產豐富，文化氣息普遍，抗戰八年，幸虧政府遷到了四川這個天府之國，四川的確是名符其實的天府之國。

雖然是戰亂的年代，但也留下了許多四川美好記憶，令人懷念。可惜甜水麵不見了。

七十八、我的學佛朋友

我有個朋友，是在認識老師之前就認識的。她當時就已學佛，又吃素，也打坐，還是雙盤，每日早晚課不斷，十分認眞。她的教授丈夫是學道家的，二人也和諧美滿。

她在台灣時，也曾聽老師講課，後來全家移居美國了。

記得是一九七三年，她從美國回台灣時對我說，現在不敢打坐了，因爲坐不久小腹內會嘣的一聲，發熱，好像著火那樣。

我心中想，這是不是拙火發起來啊？就報告給老師知道。老師立即叫她暫時不要回美國，並要她每天到老師辦公室打坐。

她很高興，於是就來了，在老師辦公桌旁邊，前面一處地方的座位打坐，老師一面工作，一面隨時注意她的狀況。

她因打坐時色身的反應而不安，才放棄了打坐，可能對道理弄不清楚，也不知道請教老師。現在老師知道了，要幫她解決問題，多麼難得的機遇啊！眞是千載難逢的好事；當然也是她至誠專一多年的努力不懈，才有這個現象，這個巧緣。

可惜的是，她才坐了一天半，就因美國家中有事，必須馬上回去了。可見人在修行的路上，有多麼多的障礙！

她的故事還沒有說完，她是一個負責又熱心的人，兒女多，撫養不易，但她都料理得很妥當；而且雖不再打坐，但早晚唸經拜佛仍堅持不斷。

幾年後，大概是一九八〇或八一年，她回到台灣，那時她的丈夫已去世一年了。她來看老師，說了過去的情況，並說，她的丈夫病了很久，她曾每日唸大悲咒回向他，爲他祈福消災，臨終並承諾繼續每日早課唸大悲咒回向他。所以這是她每天功課，一直如此。

令人費解的是，老師立刻問她：「你唸到何時爲止啊？」她說：「唸到死唄！」老師未再說話。當時旁邊有好幾個人，老師問她的這句話，成爲大家要參的話頭，因爲大家都不懂，我相信她也不懂。

轉眼到了一九八八年，老師已在香港了。有一天她從美國打電話給我說，現在一開始唸經咒，就有魔進入她的身體，而且是在小腹部位，所以現在連早晚課都不敢作了。因爲這個現象已有一段時間，所以要我代她向老師請教。

那時我在台北，當然立刻打電話問老師。老師說：「不是魔，不要亂想，不理它就是了。」

但她過了些時候，又打電話給我，仍說是魔，我再問老師，老師的回答跟上次差不多，只多說了一句：「不必擔心，這只是氣的關係。」

又過了一段時間，她第三次要我問老師，仍說是魔。這次老師說了重話，老師說：「不是魔，她還沒有資格入魔！」

老師的話她可能不信，也可能不懂。老師的意思大概是說：你的程度還不到，魔王還看不見你，你不是魔王的對象之類的。

最後，唸佛唸經都不敢了，儘管如此，她覺得魔仍然停留在她身體裡。恰好有一個高僧喇嘛到美國，她去請教魔的問題，那個喇嘛說：「魔進不了我這個屋子！」

她卻想：我離開這間屋子，魔不是又來找我嗎？結果，家人都發現她有問題了，只好帶去醫院檢查，原來腦子裡長了一個很大的瘤，幸虧不是惡性。醫生說，瘤長的地方，影響人的思維和感受，只好開刀拿掉。

手術後她卻中風了，記得大約是一九九〇年，我去美國時到醫院看她，她半身不遂，也不能講話。可是她一見到我就流下了眼淚。

醫生說她已沒有意識，我說：爲什麼看見我就流淚呢？醫生說那是碰巧。我認爲她只是無法表達而已，意識仍然是明白的。半年之後她離開了人世。

老師說了一句話：學佛是智慧的解脫，更要懂醫藥之理，就是「醫方明」。學佛難啊！怪不得禪宗大德說：「學佛乃大丈夫事，非帝王將相所能爲。」

七十九、會反省的人

人活了一輩子，有沒有人是會自我反省的？答案是不多，因爲人人都覺得自己是好人，是沒有錯的。偶而因與人有爭，或事情未成，也許會檢討一下是否自己沒有處理好。這種人大概也不多，因爲人多半是怪別人不對。

古人就有會自我反省的，孔子的門人曾子說：「吾日三省吾身」，每天要在三方面反省，檢查自己有否做錯。曾子是孔門的大弟子，應該列入賢人之內，所以才有反省的智慧，普通人是比不上的。

天主教也有反省懺悔的規定，教徒中總有人依教奉行吧！基督教則在每日睡前禱告，原本是爲了反省每日的行爲有否錯誤，但多半變成求上帝保佑了。

反正凡是宗教所設立的規章，都是要人自我反省，而達到淨化心靈的目標，這種作法，也是值得提倡並鼓勵的。

中國傳統文化，除了儒家注重自省外，道家也有一種自我修煉的方法，叫做「內視觀想」，好像是一方面對自我是一種內照反思，一方面是念頭專一的修煉。我只是粗淺的了解，可能說得不太準確。

可是百年來西方發展的心理學，卻切入結合了這個法門，用反觀內照去發現並糾正自我的錯誤，也頗具功效。聽說德國用之於教育監獄刑犯改過遷善，極具功效……

佛法在這方面也不例外，典籍之中就有許多屬於拜懺的活動，也是修行人的必需功課，如拜梁皇懺、地藏懺、消災延壽藥師懺等等。

看了這些拜懺的法本才發現，內容都是內在反省，自我檢討的法門。在一般人幾十年的生命中，極少有人有這類的思考，所以不免使人吃驚。這個懺法，不但學佛法的人要修，即使是一個平常人，也是該有的訓練吧！

前幾天適逢藥師如來聖誕，大家心血來潮，都說拜藥師如來懺吧！於是相約熟人友好，共襄盛舉；外加從上海、蘇州、福建聞風而來的，共聚集了八十餘人，大家一同拜佛懺悔。

· 拜藥師寶懺

第一天拜懺上下午共約四小時，次日又共修呼吸法、唱唸、靜坐，還有易筋經的學習和鍛鍊，大家都感覺身心輕快，安詳愉悅而歸。

記得多年前（大約八〇年代初）在台灣時，有一次十方書院的同學們要修藥師如來懺法，請南老師先講幾句話，老師說：

一般只知道是「消災延壽藥師佛懺法」，不過也可以說是「消災延壽發財藥師佛懺法」。聽起來像是說笑話，但也可以說是正確的，因爲經典上說：「……一切皆遂，求長壽得長壽，求富饒得富饒……」，只是一般人覺得不好意思求財罷了。

老師說到發財，大家都笑起來，我心裡想，如果專修一個發財藥師佛懺法，一定有成群結隊的人要來參加。可是大家還不知道，那是有條件的，因爲先要修成「無垢濁心，無怒害心，於一切有情起利益安樂慈悲喜捨平等之心……」

換言之，要能利他才行，所以先要自己懺悔，才能淨化心靈，修法才有效果。這不是我說的，是經典上說的……

八十、自己的病自己治

常常聽到這個人病了，那個人住醫院了，再看新聞報導，打醫生的，病人被忽悠的……種種令人難過的事，令人不安的事，就在身邊，太多太多了。

先母常說的一句話，人的一生，能有三個院不進，才算有福之人。法院、醫院、養老院，這三院不進，證明第一不與人有爭，第二不害大病，第三到最終如何如何很難說。總之三院一生不進的人，恐怕少之又少了。先母一生只進過醫院，而我已進過兩個院了，醫院和法院。幸虧在美國和台灣打官司，我都勝了，因爲都是對方的錯，但可笑的是，他們雖不對，還要告我。

說到進醫院這件事，當然是因爲有病；許許多多不進醫院的人，難道都沒有病嗎？其實人人都有病，只不過大小病不同而已。

從前看到維摩居士說，因爲眾生病，所以他也病。我看到這句話，覺得不可思議，這叫什麼邏輯啊！經過許多年才漸漸感到，眾生的確是有病，先不管維摩居士說的是什麼病，只看眼前就會發現，的確人人有病。

前幾天拜藥師懺法後，很多人才發現自己不健康，有毛病。所謂的毛病，有人是頸椎錯一點位，有人一耳聽不見，有人腸胃不適……總之，絕對沒有一個人是百分百健康的，多少都有點毛病。

有一個好久不見的中年朋友忽然來了，十分高興。他說病了十個月，最高明的中醫西醫都看過了，藥也吃過了，都沒有用。最後一氣之下，跑到山上獨自一人住在一個地方，拚命的練氣。因爲他的病不是太具體，只是吃東西會吐，渾身無力，睡也睡不好，有時心亂跳，呼吸不暢……反正整個機體不知哪裡出了毛病。

他在無辦法之下，上了山，自己就用呼吸的方法，練了幾天，還用清水洗鼻通腦的瑜珈修法，折騰了幾天下來，漸漸好起來了。他還說了一句很自信的話；他對我們說，什麼知息入，知息徧身……觀出散啊……一下子全到了，圓滿了。

克服了自己的病，他神采飛揚，也多了一番經驗。他說，人生開始了新的一頁。他並且說，身體要靠自己，有病也不能全部依賴醫生，因為病人是各個不同的個體，醫生對病人，多數是一律同等對待，治療的方法一樣，結果是有人有效，有人無效。

這些所謂的病，是身體方面的，更有的病是精神方面的，那就太麻煩了，而且是很難判斷的。就像美國吧！有人到學校開槍打死很多學生，各地也常見到奇奇怪怪的事情，無法解釋，只能說精神不大對勁吧！

有人說二十一世紀是精神病的世紀，現在人人似乎生活在虛幻之中，隨時隨地，只見人人低著頭看手機，人生在幻象中，幻象在人生中。佛經說得對，人生如夢如幻，似真非真……只有猶太人教孩子不同，聽說規定每天看電腦不能超過三小時。

剛說到這裡，忽然接到朋友從台灣打來的電話說，電視臺正在討論醫藥消息，說到治癌症，有一個八十歲老人，忽然暴瘦，拿到南懷瑾的治療癌症祕方，服後就好了，並說明不可賣錢，但他並未公佈祕方內容。

老師講課時經常說，道是天下的公道，他知道後一定公開。那位拿著老師祕方的人，大概沒有看過老師的書，不知道老師是絕不藏祕的；老師懂醫是眞的，但從未聽說有癌症祕方啊！

不久之後，一定有人會說：南老師能飛簷走壁之類的……難怪有人說，二十一世紀是精神病的世紀……

八十一、理性與感性

好像是十幾年前，英國要拍一部電影，是英國名著《理性與感性》這本書改編的。很妙的是，英國特別邀請李安擔任導演，因爲這本書牽涉到太多心理情緒，英國人認爲，只有中國人的細微心理，才能了解。

電影拍完後，參加演出的英國著名明星休格蘭曾說，從李安導演處學到很多，當然電影也很得好評。

其實我不是要說這部電影，只是偶爾想起這兩個名辭，因爲雙十一這天是個大日子，網路大廉價，創造了三百多億元的銷售成績。

在這天之前，就聽說網路上流傳一個笑話，許多男人在設法，使他們的妻子購物時刷不了卡，以免把錢花光。可見女士們的行爲太感性，缺乏理性。

人本來各自性向不同，大原則來講，男性比較理性，女性比較感性。男女性向不同，不涉及好壞的問題，所以有嚴父慈母的區別，當然也有少數不同的，是父慈而母嚴的家庭。

記得很多年前有一次，利用中午辦公室休息的時間，去衡陽街布店，要找一個特殊顏色的布料。女同事們三人，也陪同去逛街。結果我是無功而返，但是陪同去逛街的一個女同事，卻看到可愛的料子，買了好幾塊。

回到辦公室後，這個女同事卻說：「唉！我又買這麼多幹什麼呀！家裡已有一大堆還沒有用！」言下之意有點後悔。

許多女士們都有這個現象，行爲被感覺牽著走，大概像蘇芮唱的那首歌〈跟著感覺走〉，這是女性的特點，感性較重。感性是很美好的，但是仍要有理性的基礎才不至如脫韁之馬。

有人說男人去買東西，直奔目標，買了就走；女性東看西看，貨比三家，看起來很理性，結果買起來不顧後果，也就是買些不需要的東西，變成家中的問題。更有些女性，看見東西便宜打折，分明不需要，爲了便宜就買。有人稱她們這類女性，不是感性，簡直就是糊塗性。

由於女性感情豐富，小事記得特別清楚，芝麻綠豆十分計較。最有趣的是，有個男同事說，半夜妻子忽然對沉睡中的他又打又罵，因爲她作了一個夢，夢見丈夫交了一個女朋友，於是醒來就對丈夫打罵起來，不可理喻！令人忍俊不止。

感性氾濫不是好事，可是理性堅強也是問題。舉例來說吧，包公是個最理性的典範，在歷史上個個讚揚，認爲他了不起。但是，在現實生活中，有誰願意跟他一起生活啊！那個鐵面無私的樣子，給人的壓力太大了，那會使人度日如年。

這時情願有個男人前來，捧了一束玫瑰鮮花送你，緊張的神經才會鬆弛下來。

所以，連法院判案，也要顧及感受，叫做法律人情，根據法律的原則，但要合乎人情才算圓滿。

理性也好，感性也好，大概以不太偏比較合適，如果再與唯識結合研究，一定十分複雜，這裡只是隨便說說而已。

想起前兩年，因常聽見老師咳嗽，我就很想勸老師戒煙，於是就說了一句很理性的話，我說：

「老師，你從前閉關時，山上清淨無人，空氣好，下山聞到人味，覺得難聞難受，所以吸煙，以避人的味道。經過了六十年，人味大概也習慣了吧！」

話說到這裡為止，下面一句「煙可以不抽了吧！」我沒有說出來，老師當然心中有數。我自覺說得很漂亮，又理性，又沒有勸他戒煙，心中正在得意，豈知老師說了一句很感性的話回答我：

他說：「這個問題就不必討論了吧。」

八十二、真小人和偽君子

世界上的事，眞眞假假，是是非非，好好壞壞，不管你有多聰明，反正都弄不清，原因很多，最根本的問題是動機和立場。

舉例來說，一個情治人員，就是特務分子，由於工作的關係，必須常說假話，他們的妻子會不會有煩惱呢？因爲不知道丈夫說的話，做的事，哪個是眞的，哪個是假的。

這類事不必管，這類人的眞眞假假是與任務有關，假事假話只是方法。有時候醫生也說假話，目的是安慰病人；有人爲了減少別人的煩惱，也會說假話。

英文有一句「白色謊話」的說法，就是指這類的假話，動機是善心，不過結果是好是壞就不一定了。

但是，如果做事說話是爲一己之私，爲名爲利爲怨，那就牽涉到人品問題了。

不過，爲私爲公，爲善爲惡，也是很難判斷的，因爲又牽涉到時間，就是俗話說的，日久見人心，日久天長才能證明動機的善惡，事情的是非。

說了一些廢話，是由於一個老朋友，大老遠的來看我，大家聊來聊去，又聊到二十年前台灣的一個人，一個有名的通俗雜誌的老闆，此人文筆十分要得，每期撰寫社評。

當時是李登輝執政時代，這個雜誌每期的首頁，固定批評李登輝，說得很有道理。後來李登輝託人送一筆錢給他，他收到錢後，就開始幫李登輝分辯，大意是說，李也有不得已之處，大家應該給李時間，使他能轉變過來等等。

妙的是，他承認李登輝送錢給他，認爲幫李說話，是符合一句古話「收人錢財，替人消災」，他自認還是正人君子的作法呢。

更妙的是，過了不久，他又開始罵李登輝了。有人好奇問他原因，他說，錢花完了嘛！自然恢復原狀。他的話很坦白，沒有假藉什麼名義，等於承認自己是個小人，所以大家認爲他倒也眞實不假，是個眞小人。

類似事件，台灣更早時（大約五〇年代末），也有一樁。一位報業大老闆某某某，將要爲母親九十大壽慶祝。有一個人把他雜誌封面標題的樣本，拿給這位大老闆看，說準備當天印送，標題是「某某某過他媽的壽」。

這人應屬刀筆之徒，擺明是來敲詐的。大老闆立即說，你印了多少本？我統統買。此人開口三十萬元，那時的公務員月薪只有三五千元，大老闆很爽快，給了全數。

有人對大老闆說，這人只是個小混混，給他一點錢就打發了，何必給他那麼多。老闆卻說，母親的九十大壽，我希望一切圓滿，大家都高興。

此人堂而皇之敲詐，也應該歸入眞小人之列。

最麻煩的是僞君子，因爲此類人外表謙謙君子，而內藏禍心，不容易識破；不像眞小人，至少一看就明白了，而且他自己也承認。所以古人都說過，不怕眞小人，只怕僞君子。

前不久發生在英國 BBC 媒體的醜聞，盡人皆知，媒體組織龐大，就算你是一個眞君子，也會在這個組織中，不知不覺的同流合污了。國際媒體勢力大，操縱政治，也成爲一閥；從前軍界有軍閥，學界有學閥，現在更有媒體閥。一言以蔽之，世界上的僞君子比眞小人還可怕，而且可能就在我們身邊。

忽然想起那個眞小人，多年前曾拜託人帶他去拜見南老師，老師看見他的相片就說：此人酒色財氣，千萬不要帶他來。

八十三、找到另一半

打開電視，新聞正在報導擇偶的問題，男光棍，女光棍，一大堆聚在一起，正在各說自己擇偶的理想，說得又坦白，又有趣。

據統計，中國未婚的男女，竟有兩億多人，眞是嚇人。造成這個狀況的原因當然很多。中國傳統重男輕女，所以男人多，女人少，只有唐朝楊貴妃的時候，才有「遂令天下父母心，不重生男重生女」。其實這只是白居易的諷刺詩而已，中國人仍然是喜歡有兒子。

現在報應來了吧！娶老婆難。有一家用的老阿姨，看她那麼辛苦存錢，爲了買房子給兒子娶老婆。當時我問她，爲什麼一定要有房子才娶媳婦呢？她的回答令我大吃一驚，她說：沒房子，沒人嫁給他！

一個外國年輕人聽見，就問一句很可笑的話：「那個女孩是嫁給房子嗎？」

當然，年輕人認爲，結婚是男女相愛的原故，爲什麼跟房子扯上關係？細細分析下來，有房子才嫁給你的女性，一定屬於理性成分多的。西方有句諺語：「麵包和愛情統治了全世界。」麵包當然比愛情優先，飯都吃不飽，談什麼愛情。

所以英文就有一句俏皮話：「No Money No Honey」，意思也是沒有錢就沒有愛情。你想交個女朋友，連請她吃一頓飯的錢都沒有，誰理你！

現在可好，教育普及了，女學生多，畢業進入社會，表現優異的不少，賺的錢也不少，自己有房子了，反客爲主了。

不過，找對象也更不容易了。

事業和財產都獨立的女性，忽然想到年紀不輕了，想要有個家，頂好再有個孩子。

想成家先要有個男人，這個男人一定要職位高於自己，收入高於自己，年紀高於自己，個子也高於自己，長得也要有模有樣……想得倒很好，天下哪有啊！就算有人完全符合標準，一定已有老婆了，說不定還有二奶、三奶呢！

不過，天下不這樣要求的人也不少，我見過一對夫妻，太太學歷高於丈夫；另有一對夫妻，丈夫比太太矮一個頭；還有一對夫妻，丈夫比妻子小十六歲。這幾對夫妻感情相處都很美滿，互敬互重。不過，這幾對夫婦都是美國人。

時代不同了，婚姻狀況也在不斷的改變，家庭形勢和家庭中相互的關係也在改變。人生有太多無奈，這個世界，按照佛陀的說法，是個不圓滿的世界，所以沒有一個人覺得自己的一切是美滿的。

日本人也早適應時代趨勢而改變，有了女主外男主內的調整。中國人愛面子，改變比較難，不改變就只好接受苦酒了。

但是，也不要太悲觀，不要忽略這個緣字，俗話說得好：「有緣千里來相會，無緣對面不相識。」有個朋友的女兒，四十八歲尚未結婚，有一天，公司忽然從新加坡來了一個未婚的四十八歲男子，二人一見鍾情，就結婚了。多神奇啊！

中國人要面子這件事，有人認爲是一種毛病，多半是因爲沒有自信。不過古人也有許多不介意面子問題的，最著名的是孔子的大弟子子路。子路穿著破棉襖與穿著皮衣的站在一起，並不覺得沒面子，因爲他有自信，也因爲人品不在外表，不在裝扮。子路這一點，確實令人敬佩。

婚姻與面子，更是密切有關的，如不是門當戶對的婚姻，會令親友恥笑，太丟面子了。有時，很有面子的婚姻又很不投緣，苦啊！

八十四、無中生有的宇宙

時間的流轉有多快，眞是天曉得！糊里糊塗一年又快過完了。回想從幼年時代到現在，竟有九十年之久，但感覺只是轉瞬之間。

說這些話很無聊，因爲都是老生常談；現在要說的，可不是無聊的話，而是非常有聊的。

「天地玄黃，宇宙洪荒」，這兩句是〈千字文〉開頭的話，是對天地宇宙之始的描述，我們上小學都背過的。隨著時代的演變發展，到處充滿了要相信科學的聲音。當然相信科學是應該的，因爲科學是經過實驗所證明的。

西方的宗教，對於天地宇宙之始的說法，完全有別於東方，認爲有一個主宰，一個創造宇宙人類萬物的造物主，那是一個萬能的神，稱爲上帝。東方的佛教，對天地之始的說法，是「無主宰，非自然」，一切是因緣所生，這與中國的認知類似，說穿了，就是無中生有。

所以西方是「有神論」，東方是「無神論」，這個「神」，是指創造並主宰宇宙萬事萬物的那個主宰。

隨著科技的發達和進步，西方宗教的有神論，從牛頓開始，就受到科學的挑戰。

由於西方科技進步早，相形之下，我們東方是落後的。所以大家口口聲聲所說的，都是我們自己這也不科學，那也不科學，自己老祖宗說的都不科學，反正是科學萬歲。當然這也不錯，問題是我們傳統的一切都不科學嗎？萬萬想不到，現在西方科學竟然認爲，我們中國的傳統說法，在這個問題上很科學。

感謝科學，替我們祖先的不科學指摘，出了一口氣，證明東方人在天地之始的問題上，早於西方科學兩千多年就知道了眞相。

換言之，西方科技，努力了兩千多年，才弄明白東方早已明白的事。

說了一堆頗爲洋洋自得的話，是有原因的，因爲最近有人送我一本書，一本美國理論物理學家去年出版的一本書（《A Universe From Nothing》）。中文譯本今年八月在台灣出版，書名叫做《無中生有的宇宙》，聽說大陸也有簡體字版。

這可是科學的說法啊！說宇宙是從「空無」開始的，不是什麼神造的，更沒有什麼造物主。

這本書中充滿了物理辭語，什麼原子、光子、電粒子……又是牛頓、愛因斯坦等等大科學家的理論等等，外行人看起來有點吃力。但是，作者的論點，已被許多知名科學家認同。

對這本書的評論，有些很幽默，很有意思。例如：

「萬物和無物非常有關，卻與上帝全然無關。」

「無物並非無物，無物是某物。宇宙有可能就是這樣從空無中生成——這就是《無中生有的宇宙》要傳達的觀點，這個深奧的理念可以讓某些人心神不寧，卻也讓另一些人獲得開悟。」

更有趣的是，本書導讀中的一句話：

「講到宇宙的空無與萬有，就讓人不得不聯想到佛學，《金剛經》《心經》中有所謂的『色即是空，空即是色，色不異空，空不異色』，當你越懂物理，就會越對其中的巧合感到讚歎。」

書中一百九十四頁說：「從牛頓以來的科學進展，已經更大幅度侷限上帝之手暗中施展神威的機會。」

其實，對神造天地宇宙萬物的說法，科學界早已開始否定了。

八十五、感恩節的話

十一月第四個禮拜四，是美國的感恩節，就在上週四，亞洲各處也有人慶祝，大陸台灣也不例外。

其實這是美國人的日子，是基督文化的節日，起源於十七世紀。當時有一百多位愛好自由的清教徒，搭乘一艘五月花號的帆船，從英國啓行，航向新大陸（現在的美國），在新大陸的東部登岸。

這些人經過了千辛萬苦，種種挑戰，春天的播種，在秋天有了收成，終於可以在這個新地方居住下來了。所以慶祝收成時，他們虔誠的表達對上帝的感激之情，這就是感恩節的由來。記得有一本書說到這次移民的壯舉時，曾說五月花號等在那裡，待確定移民來的人可以居留後，才回航的。

加拿大也有感恩節，日期較早，據說十六世紀已有從歐洲渡海到加拿大的移民了。

感恩節吃火雞，因那時只有野生的火雞。美國的習俗，總統在感恩節要赦免兩隻火雞，有趣的是，歐巴馬前四年赦免的火雞都死了。

美國和加拿大的感恩是認爲，由於上帝的恩典，他們才能夠克服一切困難，得以在新大陸生存下來。一切都是上帝的恩寵和安排，所以要感謝上帝。

感恩，永遠是一件好事，是一種美德，有人認爲那是一個人的基本修養。中國文化的傳統，最重視孝道，孝道就是對父母的感恩，所以古話說：「百善孝爲先。」

除了感恩父母之外，中國人對萬物也有感激之情，常說：「謝天謝地。」又如中國人熟知的一些話：「誰知盤中飧，粒粒皆辛苦」，以及「半絲半縷，恆念物力維艱」等等，都是教導年輕人要感恩，因爲由於許多人的辛苦，我們才有衣穿，才有飯吃。

有一句大家平常說的話，「金窩銀窩，不如家裡的狗窩」，這雖是一句笑話，但指出來自己的基本最重要，也是重視自己家園的意思。國家民族的觀念也在於此，外國花花世界無論有多好，那是人家的，與自己無關。

印度的佛教文化，更有「上報四重恩」的教導，與中國的傳統，不謀而合。四重恩的第一條是「父母恩」，父母養育之恩，這正是中國人所重視的孝道。

第二條是「國家恩」。民族主義、愛國主義都是國家恩的範疇，而中國文化最重視的是，在忠孝不能兩全的時候，要對國家盡忠，因爲有國才有家，這正是報國恩的選擇。

第三條是「師恩」，中國自古就重視師道，授業解惑是師長對自己的大恩大德，所以古語有「一日爲師，終身爲父」的傳統說法。當然，這個傳統文化中所界定的師道，與現在學校只傳授知識的老師是有區別的。但不管如何，對師長應該恭敬。

第四是「眾生恩」，這就是我們所說的農夫耕田多辛苦，我們衣食住行都要依賴眾生的努力生產，所以要感恩一切的眾生。

爲什麼大乘佛法到了中國就被認同呢？因爲與中國文化類同，所以很快就彼此融合了。

西方的基督文明，除了感恩上帝外，對眾生恩也是有作爲的，重視環保問題，是西方首倡的，這與一切眾生都是有關係的。

東方文明，對感恩更表現了積極的意義，不但感恩，還要報恩。中國傳統的教化中，有一句感人肺腑的話：「滴水之恩，湧泉以報。」

有一天，有一個人，對我說了一句話，他說：「你們的南老師，對於曾經幫過忙的學生，眞的是湧泉以報啊！」

八十六、飛機上的故事

聽到幾個人在談論布施的問題，說到財布施、法布施、無畏布施三種。一般都認爲財布施最重要，甚至最有功德，所以發了財的人都喜歡布施，做好事，認爲有功德。像捐錢蓋廟子啊，捐錢給學校蓋大樓啊，還以自己的名字爲大樓命名等等。

當然這都是好事，是對社會有貢獻的善行，如果動機沒有夾帶名利之心，應該算是財布施吧！

法布施就比較不容易界定了，也比較不易被人重視。有人說，除了講經說法之外，善意引導人走上正路的建言，也應該算是法布施的範圍。

說到講經說法，如果自身學養不足，反而成爲以盲導盲，不但不是布施，恐怕還會有其他的問題，造成惡果也不一定。

最容易被人忽略的，是無畏布施。

五〇年代聽到一個故事，是一個丹麥的朋友說的。他移民到美國後，也常回丹麥探親訪友。有一次他搭機從紐約回丹麥，飛機途經阿姆斯特丹降落，多數歐洲乘客都下機轉往他處了。當飛機再起飛時，機上的乘客多半都是回丹麥或挪威的人士。巧的是，同機還有一位丹麥籍的歌唱家，唱男高音的。

飛機又起飛不久，忽然遭到暴風雨來襲，剎時間，雷電交加，機身搖晃顛簸，久久不止，而且越來越嚴重。

大家的心漸漸縮成一團，開始恐慌不安，不知如何是好，機艙中的氣氛凝固沉重達到了極點。這位丹麥朋友說，他也嚇得魂飛魄散，好像到了崩潰的邊緣。

正當沉悶恐慌之極的時刻，忽然聽到一個人，用丹麥話說了一句笑話，大家立刻哄然大笑。緊接著，又聽到那男高音大聲的唱了起來，唱著丹麥的鄉村歌謠，全體的人立刻都跟著他一齊唱了起來。唱著故鄉的歌，忘記了飛機的顛簸，忘記了恐懼……大家就這樣大聲的唱著……

飛機終於平安降落在丹麥的機場了，大家的心一塊石頭落了地，都紛紛轉向那個說笑話的老鄉微笑，豎起大拇指致意；也向歌唱家點頭讚歎，還有人去握手，說謝謝；也有兩個人前去擁抱他們……

說這段往事給我們聽的這個丹麥朋友，又說，當時他沒有去和這兩個人握手，也沒有致謝，那時他年紀尚輕，他只在那裡看著這一切，流著眼淚……

我聽了這個故事，心中也很感動，這不就是無畏布施嗎？但是，這個無畏的精神和善巧，是非常不平常的，非常難得的，更不是想做就可以做到的。

這應該屬於率性而爲，從內心自然流淌出來的作爲吧！只有慈悲心懷的智者，才可能具有這樣的德性，他們就在我們身邊，是到處都在的普通人。

八十七、是愛是害

南非以前的總統曼德拉去世了，幾天來世界各地都在講他的一生。他的貢獻不僅是對南非，而是對全世界，更是一種對人類的啓發。

在他種種令人尊重又敬仰的事蹟中，最爲難能可貴的，是他永遠樂觀努力的心態。他的忍耐和寬容，不報復的平等心，大海一樣的胸襟，只有內心絕對慈悲的聖者，絕對沒有仇恨的哲人，才可能如此。

曼德拉平等愛人，以智慧化解了對立，引導南非走上和諧，走上正途。是他的高尚品格感動了世界，稱他爲世紀的偉人，對於這個稱呼，他是當之無愧的，他是一個極爲罕見的偉人。

曼德拉是幸運的，因爲他努力奮鬥吃盡苦頭之後，終於成功了，這也是世上不多見的奮鬥史。

記得曼德拉當選爲南非總統後，令人意想不到的是，原來的白人總統，竟然擔任他的副總統，屈居下手，這也是極不平常的舉措。可見雙方都是捨棄偏見，以和爲貴，協調與安排，爲南非的長治久安而努力。種族平等是未來世界必然的趨勢，那些自認比其他種族優秀的傲慢族類，不知道驚醒了沒有。

大家在那裡聊天胡扯的時候，也談起曼德拉，有一個人問：爲什麼那些偉人、聖人，甚至英雄人物，年少的時候都是那麼艱難困苦呢？

有人回答說：「因爲孟子說過，天將降大任於是人，必先勞其筋骨……」

一個姑娘則說：「不是一番寒徹骨，焉得梅花撲鼻香。」

有個資深公民則說：「玉不琢，不成器。」

這時，一個中年朋友忍不住了，大聲的說：「能熬過困苦磨難，就是有耐力，會忍，才鍛鍊出不屈不撓的精神，日後憑這股子勁，自然能成就豐功偉業；熬不過這個磨鍊，只能當一個平常人了。」

此時有一個小學生，跟著大人來的，忽然意外的問了一句話，他說：「像我們這樣的獨生子女，小時候沒有苦難，又享福，又被家中寵愛，功課也不

問倒了。

太差，將來大概也成不了功，沒啥子前途了吧？」

這話問得好，旁邊那些人都笑了起來，因爲不知道如何回應，被小孩子問倒了。

說時遲那時快，只見座中那個資深公民站起來，指著問話的那個小學生說：「小朋友，你們怎麼沒有苦難啊？你們的苦難可多了，你們被長輩寵愛得透不過氣來，關心到毫無自由可言，一舉一動像犯人一樣，被好幾雙慈愛的眼神盯著，幼稚園就得學認字，爲功課爲升學每天忙十多個小時，沒睡醒就得爬起來……又要學鋼琴，又要學跳芭蕾舞，學英文……這都是磨難啊！比沒吃沒穿更痛苦啊！你們從小就接受忍耐的訓練，不忍不行啊！」

他話未說完，那個姑娘插嘴說：「我考大學時就決心考到外地的大學，目的就是想脫離父母的愛掌。」

大家又哄堂大笑起來，認爲她說父母不是魔掌，是愛掌，不過愛掌與魔掌都是折磨……

忽然那沒有說話的年輕小伙子說話了，他先啊了一聲，大有突然大徹大悟的味道，他說：「怪不得有人說佛魔不二，原來佛與魔一樣，魔轉過來就是佛，通過了魔難就成功了啊。」

他一邊說，自己也笑了起來，大家都說，恭喜你悟了；那姑娘說，不管你悟個什麼，我們喝咖啡慶祝吧！於是大家就去忙咖啡了，只有那個小朋友，還坐在那裡發愣。

八十八、寂寞的老人

記得在電視新聞上看到訪問路人，是重陽節那天，一個八十多歲的人把姐姐從天津接到北京。記者問那個老太太重陽節感想，她面帶悲哀說：「都不想活了，連個說話的人都沒有。」她有三個女兒，總想女兒們常能回來看看，說說話。可見女兒們沒有常回來看老媽。這是許多老人的悲哀，但是兒女也可能爲生活奔波，也是不得已啊！如果兒女是啃老族，天天見到老父老母，恐怕老人也會煩惱吧！人老了眞麻煩啊。

再看到許多媽媽們，兒女早已長大，已經在工作了，他們仍不放手，從早操心到晚。有一個三十多歲的小姐，下班晚回家五分鐘，媽媽就焦急不安，就要拚命打電話問了。這給孩子們多大的壓力啊！難怪有些年輕人，情願到離家遠的地方去工作了。

有個親戚，不准女兒去學溜冰，怕摔斷腿，也不許學游泳，怕淹死，後來她慌慌忙忙嫁了個馬馬虎虎的人，只是爲了脫離父母的關愛。愛也好，情也好，聽起來是好事，過分了，不放手，就是壓力，給對方的壓力。壓力大了自然變質，由愛反而生煩，甚至生恨，也造成兒女的叛逆。這又牽扯到教育問題了，抱歉！說遠了。

其實，西方人與兒女的關係，比較注重培養自主，較有獨立性，不像中國的親情，太相互依靠黏連了。

一九八九那年，我在洛杉磯時，有一個大學時的師母住在一個療養地方，我每天陪她女兒去送午餐給她。那裡的老人多半是病後出院的。我們每天中午去的時候，總有一個坐輪椅的美國老太太，前來與我寒暄，談幾句家常。我有些奇怪，因爲不認識她，怎麼每次都要來跟我說話呢？當然我也回應了她。

後來得知，這位九十多的老太太，身體很好，不幸她的兒孫們都先後去世了，留下她一人，只好住在這個地方。她這是美國福利制度下的受惠者，但是住在這裡的人，東方人較多，很少有她說話的對象，所以只好與來客說話了。

當然，老人多數是寂寞的，那是一個不爭的事實。年輕人注意啊！現在就要注意這個問題，如果想在年老時，依賴兒女或他人在精神上給自己幸福安慰的話，你就趕快死了這條心吧。古人說：靠山山倒，靠水水乾，連自己都靠不住，別人能行嗎？努力建立精神的自立自強吧。尤其在現在的時代，只有一個孩子，或者自己根本不結婚了，當然沒有兒女，不靠自己能行嗎？再說吧，現在的獨生子女，如何照顧得了背後的幾個老人啊？怎麼辦啊？

孝子孝女照應病老

有一個七十來歲的老太太，中風治好了，醫生囑咐她要活動，做復健，每週要到醫院複查。

後來她複診檢查時，醫生發現她一個禮拜進步，一個禮拜退步，下週又進步，再下週又退步……

太奇怪了，就問她的生活狀況。原來她老伴過世了，她在一兒一女家中輪流住，結果在女兒家就退步，住媳婦家就進步。女兒太孝順了，照應媽媽無微不至，一切都替媽媽做，老人連一點活動的機會都沒有，哪裡談得到復健啊！

媳婦不是婆婆生的，反而理性相待，一切反而好，沒有幫倒忙。

說起幫倒忙，前些天有一個老朋友，差不多快九十歲了，跌了一跤。動手術後，用四腳杖走路。傷筋動骨一百天，比較沒問題了，她就改用手杖，在屋裡慢慢走，可是她的兒女不許她這樣，她說：「你們要我永遠不丟四腳杖嗎？你們不希望我進步嗎？」

她氣得打電話跟我說：「大概兒孫們生怕我再摔跤，他們又要麻煩送我去醫院，不如我坐著不動，一直坐著等最後的一天到來。」

我聽到她的氣話，一方面也有點氣，一方面就給她出了個鬼主意，我說：「你就告訴年輕人說，『我坐著不動，可能會生別的病，更會麻煩大家請假照應我。我看還是去住養老院吧，實在太麻煩你們了。』」

我這老朋友一聽立刻說：「不妥不妥，萬一他們正中下懷怎麼辦？他們還會說是順從我的意願才勉強答應我住養老院的，我可不願意住養老院。」

我說：你活該，誰讓你不小心摔跤啊！

八十九、又說老話

客自台灣來，應知台灣事，原來台灣的大公司日月光，由於一部金馬獎的得獎影片，而暴露了這家公司長期嚴重污染台灣河川的內幕。

這家公司太賺錢了，可惜賺的是損人利己的錢，更可惜的是，令人受損的還不僅是錢，而是社會的環境，人民的健康，甚至生命。

社會上的許多事，常令人髮指，但令人更不解的是，公司中那麼多的人，應該算是幫凶吧？明知是對社會有害的事，為什麼連一個告密的人都沒有？

當然也許有，只是被壓下來，官方假裝不知道。環保人士呢？難道我們有幾千年文化的炎黃子孫，竟然都變成了鄉原嗎？孔子說的：「鄉原，德之賊也。」

其實連做食品業的，也有太多是只顧賺錢的違法行為，反正司空見慣，大家都麻木不仁了。

這種人當然不信因果，他們信的是錢。但是有一樁事，他們不信也得信，那就是一個人不可能永遠幸運下去。

聰明的人懂得這其中的奧妙，當他春風得意的時候，重視自己的道德善行，知道報國恩，報眾生恩，絕不會去做殘害社會眾生的事；所以當他倒楣失意的時候，也能平安度過。這也是我多年來所看到的現象。

早年有一個愛去算命的朋友，算來算去有個結論，他說：「爲什麼算我走好運的時候，都不太準；而說我運氣壞的時候都很準？」

我的業餘愛好就是研究陰陽五行，積數十年的經驗，我也有一個結論，於是我就對這個朋友說：「算到你走運時，一定說得天花亂墜，超過很多；說到你不好的運時，怕你難過，把八分不好，只說了兩分。到時候自然好的也平常，壞運卻十分壞了。這不是人家沒算對，是說話有保留。」

所以，一個人運氣不好要努力，運氣好更要努力，努力反省，努力修養，轉惡爲善，才是正途，不必去算來算去了，除非興趣或研究。這也算是我的老話吧。

說到說老話，忽然想到已經說了一年了。在這一年中，我跟大家學了不少，我自己既無學，更無修，承蒙錯愛，極為汗顏，更是慚愧。有朋友問我問題，我也未能回覆，因為先要在老師的書中找答案，不如誰有問題誰自己在書中找，豈不更好！

明年開始，可能減少胡扯，希望每月兩次吧。

九十、歲末閒話

偶然看到電視台的音樂節目，名歌星劉歡正在說話，他的話令人吃驚。那個節目中有幾個創作型的歌唱參加者，都是年輕人，演唱自作的歌曲。有一個人十分特別，曲調唱法都與音樂的原則不太符合，但卻非常非常感人。評審的名歌唱家劉歡，甚至流下了眼淚，又很激情的說，聽了他唱歌，我感覺，我們甚至可以把一切音樂的技術、規律統統丟掉（大意如此）。

他的意思好像是說，感動人的歌，也可以沒有任何音樂規定的形式和技巧，因爲這個唱的人就是這樣。

這個說法應該是指歌者超越了形相吧！想不到音樂也可以如此。

不久前電視台表揚「身邊的好人」，受表揚的是一個媽媽，她的兒子意外受傷，成了植物人。這個媽媽並不放棄，在兒子病床邊守護、照應，唸書給兒子聽。到了將近三年的時候，兒子忽然睜開了雙眼，醒了！生命又活過來了。這個生命現象超越了一般所知所見，所以大家稱這個是奇蹟。

奇蹟大概是人世間所不可知的，是醫藥科學認爲不可能的，但卻發生了；不可能的突然成爲事實，變成了可能。這就是人們所謂的奇蹟，沒人知道怎麼會這樣。

奇蹟不可知，當然更不可能預知，但人們可以期盼，期盼不可能成爲可能。超越算不算奇蹟呢？因爲是想不到的，也是不可預知的。

世間事，有方法，有規則，有形態，有創造，這都是人人可以學習的；如果超越了人力技術的範圍，那是偶然嗎？所謂的「神來之筆」，是奇蹟嗎？好似一個看不見摸不著的無形力量在運作，促使改變發生。

爲什麼在有形之外，又有一個無形的呢？無形又是如何存在呢？

有人說，我們人所生活的有形世界，就是人類的一副枷鎖，我們的身心都被困固其中，所以才有人要尋求解脫。但是，心靈的枷鎖如何解脫啊？

有聰明人，把陰陽五行的生剋制化，用邏輯方式歸納演繹後，作出一個電腦算命程式。靈不靈呢？有人說也靈，也不靈。爲什麼不靈？因爲有一個不可知的部分（佛說：「止，止，我法妙難思」），超越了人的技術層面。

在人們生活的社會中，就說在我的記憶中吧！從前許多事都是有規律的。十九世紀流行的宮廷舞，現在看起來很可笑，很呆板。後來演變爲國標舞，由於維也納的史特勞斯編出了華爾滋舞曲，感動了一般大眾，華爾滋舞曲才被皇室宮廷接受，打破了一些刻板的規矩。

上世紀五〇年代，戰後的年代，年輕人拋棄了國標舞，跳起了扭扭舞（Twist）。那不是二人合舞，而是一個人自己跟著音樂節拍，在那裡扭來扭去，在眾樂樂的舞廳中，各自獨樂樂。

後來又流行「阿勾勾」舞，也是自由隨意的方式自樂，享受音樂，享受舞動。

可見追求鬆綁解脫，是人類不自覺的演變；但能解脫的，只是有形的枷鎖，而心靈的枷鎖，卻是無形無相的。無形的枷鎖是怎麼形成的？又如何解脫呢？

有一個熟人常喜歡討論這類的問題，因爲他對心理學產生了興趣，所以在與朋友聊天時，不免以此爲話題。想不到，他說，自己卻在十二歲的兒子面前栽了跟斗。

那天，他又與朋友們說這些事，他兒子聽多了就不耐煩，於是就說：「無形的枷鎖既然在自己身上，當然是自己造的，自己造的當然自己脫。」

他被兒子一句話點醒了，恍然大悟這是每人自己的問題，怪不得大家常說「解鈴還須繫鈴人」。他很高興，逢人便說兒子了不起，言外之意，自己當然也了不起，才有聰明的兒子。

我聽了他的一番話，當然恭賀他有聰明的兒子，不過，我說，自己的枷鎖自己解，很對，但解的方法如何？等你兒子告訴你，千萬不要忘記告訴我啊！

九十一、新春回顧

新年新氣象，初一見面大家互道「恭喜發財」，小孩子接著說「元寶滾進來」，這是幾十年前過年的光景。這些話好聽又俗氣，但是沒有人反對，反正人人都喜歡發財，至於發財之後的痲煩，也就管不了啦。

中國人過年是一樁大事，除夕年夜的團圓飯，更是一年之中驚天動地的大事。我說這個話是因爲想起幼年，那時候交通不便，平時生活簡樸，只有在過年的時候才有豐富多樣的享受。更因爲離家外出的長輩親人，都要在除夕趕回家鄉，闔家團圓聚首，溫暖又幸福……

過年是孩子們興奮的事，對於成年人來說，一則以喜，一則以憂，年關將屆時，各階層的人都要對一年的情況加以回顧、結算、清理，並且要對新的一年規劃安排。

二〇一三是癸巳年，俗稱蛇年。在十二地支輪轉的年代中，蛇年是頗不平凡的，因爲許多大事都發生在蛇年。二〇一三這個蛇年，現在還沒有過完，要在二〇一四的二月四日立春日，才轉入馬年。

回顧以往的蛇年，也頗耐人尋味，先從上世紀第一個蛇年說起吧。

一九〇五蛇年（乙巳），那還是清朝，由於八國聯軍（一九〇〇年）造成的劫難，清廷感知科舉對國防無用，所以廢除了科舉制度，開始興辦學堂。這一年國民黨成立了興中會，孫中山爲總理。

一九一七蛇年（丁巳），第一次歐戰，美國也加入了。這一年俄國沙皇被推翻，共產黨成功了，開始專政。

一九二九蛇年（己巳），這年我只是一個八歲的兒童，但卻聽到父親和友朋們說什麼經濟大蕭條。原來是美國華爾街金融風潮，全世界經濟都受影響，而中國的軍閥割據局面，則在這一年開始走入尾聲。

一九四一蛇年（辛巳），抗日戰爭已打了四年艱苦仗，這年十二月七日，那個「人心不足蛇呑象」的日本，偷襲美國夏威夷的珍珠港。此舉震驚全世界，促使美國參加對日之戰，形勢產生了關鍵性的改變。那年我正就讀於西昌的西康技藝專科學校土木工程科，在珍珠港事變後不久，又回到成都，重新入學，因爲日本已經不再可能轟炸四川了。

一九五三蛇年（癸巳），那是六十年前，朝韓之戰已打了三年。麥帥在打到鴨綠江邊時，曾上書美國總統杜魯門，請求允許渡江打進中國大陸，但杜魯門不批准。接著大陸派軍援朝，把美軍打得節節敗退，之後議和，劃北緯三十八度爲界，分韓國爲南北。有趣的是，麥克阿瑟以戰敗之將回到美國，卻在紐約受到萬人空巷的歡迎。原因很多，主要大概是同情他受到杜魯門的壓制。

又過了十二年，一九六五蛇年（乙巳），中國又抗美了。這次是援助越南抗美，援越抗美之戰，卻使台灣經濟受惠不少。

一九七七蛇年（丁巳），由於前一年（一九七六）的唐山大地震，毛澤東去世，四人幫被拘，情勢大爲轉變。此年七月，鄧小平恢復黨政軍領導職位，中共十一大宣佈文革正式結束。中國揮別了過去，向開放的大路前進，這是令世人驚異的一年。

一九八九的蛇年（己巳）不太安分，天安門前熱鬧非凡，引得全球注目又擔心。

二〇〇一蛇年（辛巳），蛇威大發，九月十一日自殺飛機撞進紐約雙子星大廈，震撼了全世界人類的神經。「恐怖分子」四個字，從此出現在每天的新聞資訊中了。

二〇一三蛇年（癸巳），還有三天才過完，這一年變動太多太大。釣魚島的事，嫦娥奔月的事，反貪腐的事，不論是什麼事，看起來平常，但都屬於扭轉乾坤的重大事件。

記得在唸小學的年代，最喜歡五月，因爲五月的假期多，可以放假。後來才知道，五月的假期多半是國恥日，放假是令人勿忘國恥的。

五月三日是濟南慘案，一九二八年國民革命軍的蔡公時被日本人慘殺，另有十幾人也同時被殺害，這是國恥，在自己國家的土地上，被外國人宰割。

五月三十日的慘案，是一九二五年，在上海租界中，英國人開槍打死十幾個中國人，也傷了很多人，起因仍是日本人造成的。

記得五月九日也是國恥日，好像是與日本打海戰，清廷全軍覆沒了。五月四日也是五月的假日，屬於一個好的紀念日，因爲提倡德先生和賽先生（民主和科技）。中國的科技太落後了，應該迎頭趕上，所以廢八股；提倡白話文更是好事。後人認爲當時對傳統文化一刀切，實在有欠考慮，因爲傳統文化有不合時宜者，但也有金石珠寶。不過後來已逐步修正，把珍貴的部分逐漸復興起來。

炎黃子孫百餘年來所受的屈辱和痛苦，是無法用語言文字表達於萬一的。記得一九六四年大陸核試爆成功之事傳入台灣後，正在會議中的蔣緯國很興奮的說：了不起，這是我們中國人的驕傲，不管是哪邊的，反正是中國人（大意如此）。

前日偶翻《海峽評論》二〇一四元月刊，在一篇顏元叔（台大教授）逝世週年的紀念文中，提到一九九一年顏氏撰文〈向建設中國的億萬同胞致敬〉。我並未看過此文，但由題目可以瞭解，經過戰亂、屈辱歲月的中國人，他們的心情，也許不是年輕一代所能瞭解的。令人告慰的是，顏教授離世前，已看到華夏子孫們正在邁向光明前進。

九十二、馬年祝願

從前常聽先母講，「平安就是福」，當時我很不以爲然，我說，「平安只是平安，哪能算是福啊！」因爲那時我還年輕，所以才這樣想，才這樣說。

走過了青春，走過了中年，走進了資深公民的歲月，一路過來，早已悟到平安的珍貴和難得。

馬年開始的春節，應該算是平安的吧！難得的是，過度包裝的禮物少了，應酬的少了，酒喝得少了，比賽闊綽的少了，浪費的少了，飛揚浮躁的氣氛似乎也平靜下來一些，常覺懸在半空的心，又落回了胸膛……

我這算什麼感想啊！自己也覺得莫名其妙，爲什麼會這樣想。也許是一種感覺，也許是一種希望，也許，也許……

不過，看到周圍的許多消息，確令人心喜，電視節目有的在談家風，有的在談文化修養，有的在談家庭教育。總之，好像馬兒開始在慢步的起跑，令人欣然。

但是萬象更新之際，繼續造假貨的少了嗎？夜間對方來車會轉成小燈嗎？公共場所大聲喧嘩吵鬧不多了吧！總之，一個大國的國民，漸漸都會培養自己，做到大方知禮，到了國外他邦，自然會受人尊重。

說到這裡，想起六十年代中期之後的台灣，經濟起飛了，社會上突然出現不少暴發戶。這批人雖「腰纏十萬貫」，但不是「騎鶴上揚州」，而是搭機飛瑞士。

這群新財主，到了瑞士，就展示其雄大財力，搶購名貴手錶歐美茄天王星。當時一支錶的價錢，在台灣中南部地區可買一棟小房子。

這些財主轉眼之間，把錶搶購一空。店方懷疑這些人可能是詐騙集團，立即暗中打越洋電話，到台灣的銀行，查詢這些人的存款狀況。得知他們是眞有錢的人時，店方也不免吃驚。

說到暴發戶，又想到早年的台灣。我是一九四八年從南京乘飛機到台北的，那時台灣的情況不太理想，一般人生活清苦。當時仁愛路四段的土地，有人向我們兜售，只要二十元新台幣一坪（約三點三平方米）。我們大笑，並且說：「很快就要反攻大陸了，買土地幹啥！」

回想六十多年前這一幕，只能嘆息自己錯失成爲暴發戶的好機會了。

後來政府開始發行愛國獎券，頭獎是二十萬元，而公務員普通薪金，只有三、五百元一月。當時得到頭獎的人，報上會公佈姓名，後來發現得頭獎的人，多數下場不好，才停止公佈姓名。

原來忽然發財的人，大多不善於處理錢財。有些得獎的人，有了錢就去做平日做不到的事，結果吃喝嫖賭，最後以貧病告終。也有些人則胡亂投資被騙，很快也就完了。

怪不得西方哲人叔本華說：「只有哲學家才有資格有錢」，口氣眞大，意思大概是說，不會用錢的人，錢財反而造成災害。所以社會上把沒文化，不會善用金錢又忽然發財的人，叫做暴發戶。

這些暴發戶們，出國遊玩丟盡了國人的臉，後來旅行社在帶團赴國外旅遊時，先對團員加以教育培訓，情況漸漸才好轉一些。如果聽一聽帶團出國的導遊們，講這些暴發戶國外旅遊的笑話，還眞令人噴飯。

不知道是哪個古人說的，「天欲降大禍於是人，必先厚其福報」，意思是老天要你遭禍事時，先使你發財享福。如果這是眞的，對那些不善用錢的人來說，發財眞不見得是好事啊！

今年的馬兒，的的得得的慢步前進，優雅又有節奏，平安又吉祥。不再說恭喜發財了，但願人人少病少惱，個個健康快樂，這就算是馬年的新春祝願吧。

九十三、信念的力量

大約是在五十年代，我們到台灣已好幾年了。有一天，家裡來了一個客人，是朋友帶來的。大家在閒談中，他說了一件事，令我們大笑不止。

他說他在幾年前得了胃癌，當時台灣醫療還沒有今天那麼先進，於是他就到日本開刀割除。手術過後第二天，醫生坦白告訴他說，他只有六個月的壽命了，因爲癌細胞已擴散。這個情況在當時是無法治療的，不像現在，可以化療，又可以與癌細胞和諧共存之類的。

他聽了醫生的話，不但沒有心生恐懼，反而大怒，心中發誓說：你小日本！說我只活六個月！我六個月偏不死，我偏要活下去，現在已活過六年了。

大家聽了他的話，除了大笑之外，還讚美他的骨氣，因爲我們這些人，都是經過抗戰歲月的，都是現身受到日本侵略痛苦的人，所以對於日本的心結和感受，也是有志一同的。

但是，我們反對日本的心結，並不是對日本的一般人民，而是反對日本那些搞軍國主義的極端右翼分子。其實，日本老百姓也是受害的一方，被少數右翼分子的興風作浪所誤導，所強迫，也是在無可奈何，聽天由命之中生活的。

日本的文化傳統，本來很重視中國傳統文化的，在日本的中小學，聽說都要學寫毛筆字，學《論語》及其他儒家文化思想。日本的寺廟文化，比中國兩岸三地的寺廟，更具有唐朝的古味。

日本有很多很多愛好和平的有識之士，不斷發聲，反抗軍國主義，可惜抵不過軍國主義的槍炮聲。我相信，大多數的日本人仍是希望和平的，只是出了這麼一個領導階層，害人不淺。

所以，不論是什麼主義，什麼政策，執行的仍是人，好的領袖，就像一隻好的領頭羊，會領導眾人走上正路。

近來看到日本的新聞，那個領頭羊和他的一幫支持者，似乎精神亢奮反常。唉！我眞替日本的平民百姓捏一把汗。

回頭再說那個「偏不死」的，反抗日本醫生的那個朋友，當時聽了他「偏不死」這句話，雖然只是當做一個笑話，而他反日的情結所產生的決心，又令人發噱，但他是眞的活下來了，沒有像醫生說的只能活六個月。

這件事後來常常在我腦海浮現，他六個月沒有死這件事，是個偶然嗎？是個意外嗎？是醫生誤斷嗎？

像這類的事，也常常聽到，人們多認爲這是奇蹟，是超乎科學判斷的意外。但這是絕對的意外嗎？那麼，所謂「冰凍三尺非一日之寒」這句話，又該如何解釋？世上眞有無因的果嗎？

這事，最近因一本書的書名，突然有了解釋。

過年時朱校長伉儷說要來，我忽然想起來有一本書，是前兩年已由台灣買來的，當時隨便翻了一下，沒有多看。現在想到這本書是科學研究方面的，可能朱校長已看過。自己連忙找了出來，認眞的看了看，結果令我大喜過望。

這本書的書名是《信念的力量》，一看之下，立刻想到那個偏不死的朋友，他說的「偏不死」，豈不就是因爲有決心，有信念嗎！

這本書的第五章，有幾句話大大震盪了我，他說：「信念操控生命！學習如何駕馭你的心智來促進生長，就是人生的祕訣。數千年來，佛陀、耶穌一直在告訴我們同樣的故事，現在科學也指出同樣的方向。掌控人生的不是基因，而是我們的信念！」

信念眞是力大無比啊！可以操控生命。難怪經典上說，「信爲道源功德母」。只是我們平常都忽略了信念的重要，反而全部去依賴醫生，去依賴他人外力之類的。一言以蔽之，自己沒有決心，沒有自信，當然也不知道信念的力量，所以病也難好，事情也難辦。

朱校長也讚揚這本書，看過的人都說，這是科學界的重要研究成果。

聽說這本書也有簡體字版，我們眞要感謝這些科學研究者的努力，使我們對生命，對生活，能有更上一層樓的了解。

九十四、《禪海蠡測》的故事

南老師親自撰寫的《禪海蠡測》（一九五五年），很少有人看過吧！那本書不能算是白話，所以多數人看不懂，自然流通就不太普遍了。

其實，這本書也不能算是古文，只不過言辭有些古典而已，卻因此不能廣為流傳，實在是一件憾事。由於大家古文程度的退步，所以許多來向南老師求教的人，太半未曾看過《禪海蠡測》這本書。

好幾年前的一天，有一位呂老闆（松濤），前來見南師，並自稱看過《禪海蠡測》。老師聽後當即雙手擦眼，呂君不解師意，卻問道：「老師眼睛不舒服嗎？」老師回答說：「我是刮目相看。」意思是說，你能看《禪海蠡測》，我對你當然刮目相看啊！當時在座的人都笑了起來。呂老闆是哲學系畢業的，程度當然不一般。

爲什麼現在又提這本書呢？告訴大家一個好消息，白話翻譯的《禪海蠡測》，最近就要由「東方」出版了，書名就叫《禪海蠡測語譯》，而翻譯的人正是在下我。

請大家不要誤會，以爲我在吹牛自捧，其實，我只是趁此機緣，說明一下奇特的經過罷了。這本書是一九七六年就完成的，一九七七年南老師也已審閱訂正完畢，但卻拖到三十八年後才出版，而且是先印簡體字版，眞夠奇怪的。

說起來要從一九七五年開始，那年秋天，從美國來台灣的一位天文學博士，向南師求教。此君學禪有年，但《禪海蠡測》一書，他只看懂了一半。說看不懂這本書的人很多，但看不懂又奈何！而且，所看懂的一半，也只是認識文字而已，不是內容。

於是南師就有了想法，他說，頂好翻譯成白話！

當時的我，好像吃了熊心豹子膽，居然答應做這件工作，眞是不可思議，因爲我並不是學古文出身的，只是稍有涉獵而已。

豈知工作開始後，才知道太不容易，因爲這不但是一本分量極重的文化典籍，還是一本參禪用功的指導，所以其中遣辭用字就極需斟酌了。後來更在工作進行三分之一時，南師認爲不夠白話，只好再重新開始，捨棄一句一句翻譯，而改用意譯，與原句不必相對應。

反正折騰來折騰去，最後總算完成了這本書的翻譯工作。而最有趣的是，老師在一九七七年閉關之中審閱書稿時，忽然心有所感，就在《關中記妄》中，寫了一段自我讚美的話，太有意思了，現抄錄如下：

「正月初六（一九七七年二月二十三日）……近日因審閱劉雨虹譯《禪海蠡測》文稿，趁此拿起此書，自我閱讀一遍，準備清理修訂一遍。此書自民國四十四年秋初版以後，二十二年中，自己從未再看一次。平生寫作任何文字，作成以後，即怕再看一遍，覺得醜陋不堪。等於自己聽自己錄音，自己看自己照片，愈看愈醜。只有此次被迫需要校對，方仔細重讀一次，竟然暗暗嘆息，幾欲為之拍案叫好。自忖如他生來世再來，讀到此書，不知如何低首歸心，敬重供養而禮拜之。」

這本書當時雖然已經南師審訂完畢，但老古出版社剛成立，只有古國治和李淑君二人支撐，他二人還要負責給老師護關，又要照顧東西精華協會的事務。而其他幫忙的同學，只能業餘前來，所以出版的事就擱下了。

後來老師出關，又忙著講課，一九七九年又忙著籌辦十方書院……一直忙到一九八五年又去了美國，大家早把這本書稿忘得一乾二淨；直到二〇一二年老師辭世後，在台灣的追思紀念會上，陳世志學友提及此事，才又將書稿找出來。

但在印製的過程中，又有藏密人物的翻譯問題，政體變革問題，都需要核實，因爲古今說法不同，繁簡用字也不同，一波三折，這本書命運實在多舛，不過，雖花費了一年時間，現在終於完成了。

感謝東方出版社編輯方面的認眞和辛勞，以及許多同學朋友們的參與校核資料，大約在四月中旬，可以與讀者見面了。謝天謝地！

九十五、南老師的書

有人問我，既然一年前（二〇一二年十月十九日）就離開了老古公司，也離開了太湖大學堂，爲什麼還在忙？到底忙些什麼？

難怪許多人都問我同樣的問題，因爲我常婉拒親友們的邀約，理由永遠是「最近很忙」。

說了不少次很忙之後，當然引起親友們的好奇。他們說，這麼大的年紀，到底忙些什麼啊？

其實忙的不止我一個人，而是四五個人，有時更是六七個人。我自己每天工作至少五六個小時，年輕的幾位，工作時間更長。大部分時間是忙著訂正南老師的書，而且是已出版過的書。

更因爲東方出版社要重新出版，在編輯校對的過程中，正好配合修訂書中原來的錯誤部分。這也是我多年來想做而無時間做的事。

爲什麼要做這種事呢？說來話長，先說一個《論語別裁》的笑話吧，大家自然就明白了。

《論語別裁》這本書，是一九七六年出版的（我並未參加工作）。出版不久有一天，發現書中唐太宗的長孫皇后，竟然印成了獨孤氏，於是我連忙去問老師。

我說：「老師！唐太宗的皇后不是長孫皇后嗎？爲什麼《論語別裁》裡說是獨孤氏呢？」

老師的回答眞妙，他說：「我也不知道。」

由老師這句話，大家就可以知道，老師書中雞零狗碎的問題眞不少。但是卻掩蓋不了書中那雄偉的氣魄，無邊廣闊的視野，瀟灑自在的信手拈來，令千千萬萬的人陶醉，而且愛不釋手。

老師讀書之多，令人難以想像，日久天長，不免會張冠李戴，把《紅樓夢》裡的話，說成《西廂記》中的；把古書的「左衽」，說成露右肩之類（中間少說了一句話）。因爲古書的「左衽」是說邊區落後沒文化人的服裝，向左掩襟，與漢人的右衽相反。可是現在左衽、右衽、中衽都有，太多了，不能說他們沒文化啊！所以就變通說法了。

另外，在《原本大學微言》中，老古版本引用古書，竟漏了一大節，居然過了十幾年，最近才被讀者發現，難怪學院派的學者們，常批評南老師沒學問，不算學者。在這方面來說，老師當然比不上學者們的學問高。

歸根究底來說，南老師的講錄出版，當初都是一群熱心的同學們，東拼西湊而成的，在那個老師帶領的無中生有的情境中，既無責任編輯，也無專業校對，反正先出版再說，如要等到十全十美，恐怕永遠出不了書。

現在我所說的訂正老師的書，是因爲市面上流通的書很紊亂，擅自刪改的，不負責任的，充斥於各處，我們希望加以檢查訂正，以減少今人及後人查考的困擾。

說到書中的錯誤，還有一個重大的原因，就是聽講的同學們，都認爲老師講的絕對正確無誤，所以並未查對資料。眞是一群糊塗學生，怪不得老師不承認大家是他的學生。

後來經過十年二十年，大家才體會到，老師也會記錯，也會有口誤。有趣的是，查資料時，網絡上很多是「南懷瑾說的」，而分明又是錯的。可見網絡上的資料，也是認爲老師不會錯的人鋪上去的。

一九九〇年，我奉老師之命，到上海復旦大學，爲了出版《論語別裁》這本書，與出版社的責任編輯陳世強會了面。當時大陸的批孔揚秦文化，尚未完全停擺，而台灣方面的書籍，仍有「共匪」「毛匪」之類的字眼，並且有兩岸對峙的語句。

當時我只說一個修改原則，就是不適合簡體字版的言辭，可以刪除，但不可改動或增添。

這本簡體字的《論語別裁》，出版後我沒有看過，聽說錯誤不多，改動也少，可能與陳君工作嚴謹有關。復旦後來又出版了很多老師的書，我也都沒有看過，只是接到很多讀者抱怨的信和改錯的信。

這使我想起出版界一句流行的話，「無錯不成書」，這句話還眞有些實在，因爲沒有錯的書太少太少了。不過，更改原著的原意，是絕對不可原諒的。

還有一件必須說一說的事，就是前人的詩詞，老師常有改動一兩個字的情形，認爲比較更貼切。現在查對資料時，常發現版本很多，可見自古以來都有人更改別人的文句。所以什麼是原版？眞難爲了後人，害得那些專研考據的學人，一輩子所考據的，只有幾個字而已。

囉嗦了一大堆，我們這一群老師不承認的學生，就是天天忙著老師的書，希望整理出一套正確的善本，使讀者們有據可查，而所謂的正確，是指內容正確，是老師的原意。當然啦，也只是盡力而爲，只能算是比較正確罷了。

一般說來，簡體字的版本，自二〇〇八年，北京東方出版《小言黃帝內經》起，之後所有老師的書，東方在付印前，都經過老師這裡校審過的，應該屬於正確的版本。現在大家除了忙著校正老師的書之外，也在編輯南師的年譜，這個工作牽涉時間久遠，頗爲不易，但雖費力費時，也是必須要做的事。

拉雜了一篇，仍然文不盡意，留待以後再說吧。

東拉西扯
說老人、說老師、說老話

定價・300元

作　　者・劉雨虹
出版發行・南懷瑾文化事業有限公司
網址：www.nhjce.com
代理經銷・白象文化事業有限公司
412台中市大里區科技路1號8樓之2（台中軟體園區）
出版專線：（04）2496-5995　傳真：（04）2496-9901
401台中市東區和平街228巷44號（經銷部）
購書專線：（04）2220-8589　傳真：（04）2220-8505
印　　刷・基盛印刷工場
版　　次・2014年6月初版一刷
2014年6月初版二刷
2014年7月初版三刷
2021年4月初版四刷

設計編印
白象文化
www.ElephantWhite.com.tw
press.store@msa.hinet.net
總監：張輝潭　專案主編：林榮威

國家圖書館出版品預行編目資料

東拉西扯：說老人、說老師、說老話／劉雨虹著．--
初版．--臺北市：南懷瑾文化，2014.06
面：　公分.
ISBN 978-986-90588-1-0（平裝）
1.南懷瑾　2.傳記
783.3886　　103006532